1 fr. 25 c. le volume.

Gustave AIMARD & J.-B. D'AURIAC

LES
TERRES D'OR

PARIS

A. DEGORCE-CADOT, éditeur, 9, rue de Verneuil

Propriété exclusive de l'éditeur

● EXTRAIT DU CATALOGUE DE LA LIBRAIRIE DEGORCE-CADOT ●

COLLECTION DES ROMANS HONNÊTES

à 1 fr. 25 le volume.

Cette Collection de Romans, à la fois intéressants et
honnêtes, s'augmente mensuellement de deux ou trois
volumes.

Paris. — Typ. Collombou et Brûlé, rue de l'Abbaye, 27

LES

TERRES D'OR

ŒUVRES DE GUSTAVE AIMARD

A 3 fr. le volume

LES CHASSEURS MEXICAINS, avec gravure . . . . 1 vol.
DONA FLOR . . . . 1 vol.
LES FILS DE LA TORTUE, 2e édition, avec gravure . . . . . 1 vol.
L'ARAUCAN, 2e édition, avec gravure . . . . 1 vol.

A 2 fr. le volume

UNE VENDETTA MEXICAINE, avec gravure . . . . 1 vol.

OUVRAGES GRAND IN-4° ILLUSTRÉS

*Voir le Catalogue général de la Librairie DEGORCE-CADOT,
9, rue de Verneuil, Paris*

GUSTAVE AIMARD ET JULES D'AURIAC

A 1 fr. 25 le volume

L'AIGLE-NOIR DES DACOTAHS . . . . 1 vol.
LES PIEDS-FOURCHUS . . . . 1 vol.
LE MANGEUR DE POUDRE . . . . 1 vol.
L'ESPRIT BLANC . . . . 1 vol.
LE SCALPEUR DES OTTAWAS . . . . 1 vol.
LES FORESTIERS DU MICHIGAN . . . . 1 vol.
ŒIL-DE-FEU . . . . 1 vol.
CŒUR-DE-PANTHÈRE . . . . 1 vol.
LES TERRES D'OR . . . . 1 vol.
JIM L'INDIEN . . . . 1 vol.
RAYON-DE-SOLEIL . . . . 1 vol.
LA CARAVANE DES SOMBREROS . . . . 1 vol.

F. AUREAU. — IMPRIMERIE DE LAGNY

GUSTAVE AIMARD & J.-B. D'AURIAC

LES

TERRES D'OR

PARIS

A. DEGORCE-CADOT, ÉDITEUR

9, RUE DE VERNEUIL, 9

LES TERRES D'OR

CHAPITRE PREMIER

DEUX SOLITAIRES

Bien loin, bien loin de la civilisation, s'étendent
à l'infini, dans les vastes Amériques, des plaines
immenses entrecoupées de prairies plus immenses encore.

C'est, ou plutôt, ce fut le territoire Indien.

Ces TERRES d'OR, convoitées par d'acharnés
aventuriers, sont devenues la proie du premier
occupant ; elles ont été divisées, morcelées, mises
en lambeaux par leurs insatiables hôtes : la solitude a été mise au pillage ; chacun a voulu avoir
sa part à la curée.

1

Arpenteurs, spéculateurs, locataires, fermiers, trafiquants, forestiers, chasseurs, et par-dessus tout chercheurs d'aventures, se sont abattus par légions sur le patrimoine Indien et s'en sont emparés violemment, par droit de conquête.

Les enfants perdus de la civilisation se sont installés là comme chez eux, et bientôt les noms de Kansas, de Nebraska, sont devenus aussi familiers que ceux de New-York, Londres, ou Paris : les Pawnies, les Ottawas, les Ottoes, les Kickappos, les Puncas, toutes les peuplades aborigènes ont disparu successivement comme des foyers éteints, refoulées par l'incessante et implacable pression des Faces-Pâles.

Des ogres au désert ; des oiseaux de proie ; d'insolents usurpateurs ; des voleurs sans retenue et sans conscience ; les Blancs ont été tout cela et pis encore dans ce malheureux Nouveau-Monde qui aurait bien voulu rester toujours inconnu.

Le grand et vieux fleuve qui descend des régions mystérieuses et inexplorées des montagnes Rocheuses a dû se plier au joug des envahisseurs : ses flots majestueux, jusqu'alors purs et calmes comme l'azur des cieux, ont écumé sous les coups

redoublés de la vapeur, se sont souillés des dé-
tritus d'usines, ont charrié des fardeaux, ont été
réduits en esclavage.

En même temps, des fermes, des parcs, des
avenues, des villages, des villes, des palais ont
surgi comme par enchantement sur les rives du
vénérable cours d'eau. La solitude et son paisible
silence, le désert et sa paix profonde, ont disparu. *Væ victis!* tel a été le premier et dernier
mot de la civilisation.

Et pourtant, elle était si grande cette belle nature, sortie des mains du Créateur comme un
reflet de son immensité, qu'aux déserts absorbés
ont succédé les déserts, et que les plus effrontés
chercheurs en ignorent encore les bornes !

Parmi les plus aventureux pionniers de la Nebraska, se trouvait Thomas Newcome. Quoique
venu du Connecticut, il était né Anglais, et s'il
avait gagné le *Far-West*, c'était moins pour
chercher la fortune, que pour satisfaire les caprices d'une imagination fantasque, désor-
donnée, ennemie de toute gêne.

Son existence tenait du roman; — comme cela
arrive beaucoup trop fréquemment pour l'ordre
et le bonheur de la société — il avait été le héros

d'une mésalliance qui avait fait grand bruit dans le monde Londonien. A une époque où il était jardinier dans les propriétés d'une noble famille, il avait sû se faire adorer par la fille de la maison, l'avait enlevée, et avait fui avec elle en Amérique.

La malheureuse et imprudente victime de cette passion s'était aperçue trop tard de son funeste aveuglement ; il lui avait fallu dévorer dans l'humiliation et les larmes le pain amer de la pauvreté, assaisonné de remords et d'affronts, — car son séducteur n'était qu'un cœur faux, un esprit misérable, tout à fait indigne du sacrifice consommé en sa faveur.

Enchaînée à ce misérable époux, Mistress Newcome avait perdu non-seulement amis et famille, mais encore sa fortune et ses espérances, car elle avait été déshéritée. Thomas n'avait convoité en elle que la richesse ; quand il la vit pauvre il la prit en horreur. La malheureuse femme traîna pendant quelques années une existence désespérée ; puis elle mourut, laissant une fille unique à laquelle elle léguait sa beauté, son esprit fin, distingué, impressionnable, et, par dessus tout, les noirs chagrins qui l'avaient tuée.

La jeune Alice habitait avec son père une
clôterie sur les rives du Missouri. Leur habitation, grossièrement construite en troncs d'arbres,
était installée sur la bordure des bois, et occupait
à peu près le centre du domaine.

Ce *Settlement*, bien délimité sur trois côtés par
des ruisseaux d'une certaine importance, n'avait,
sur le quatrième côté, que des confins extrêmement indécis.

Dans ces contrées exubérantes d'espace la
terre se mesure et se distribue largement : les
grands spéculateurs, — un autre nom moins honorable serait peut-être plus juste, — qui reven-
dent à la toise les territoires achetés à la lieue
carrée, s'inquiètent peu d'attribuer à deux ou
trois acquéreurs le même lambeau de terre : dans
ces marchés troubles, auxquels personne ne comprend rien, qui commencent par une goutte d'en-
cre et finissent par des ruisseaux de sang, il n'y
a rien de sûr, rien de déterminé ; la seule chose
certaine, c'est qu'ils sont traités de coquins à
scélérats, et que leur unique sanction repose sur
le droit du plus fort.

Il s'y trouve toujours *un côté douteux*. Or, le
quatrième côté du Settlement de Newcome était

plus que douteux : à force d'être disputé entre voisins, il était sur le point de n'appartenir à personne.

Les *prétendants* les plus signalés étaient quatre jeunes gens concessionnaires d'un important territoire au milieu duquel était implantée leur rustique habitation.

Un matin, Newcome avait trouvé toute une rangée de pieux solidement plantés sur ce qu'il regardait comme son bien — du quatrième côté. Il ne fut pas long à les arracher pour les replanter bien loin en arrière, rendant ainsi, avec usure, usurpation pour usurpation. Deux jours après les poteaux étaient réintégrés à leur place première : les jeunes voisins faisaient en même temps sommation d'avoir à respecter leur clôture ; Newcome répondait sur le champ par une sommation contraire. Chacun, bien entendu, avait la carabine au dos, le revolver en poche ; il devint facile de préciser l'instant où la conversation s'échaufferait et ferait parler la poudre.

La tremblante Alice ne vivait qu'au milieu des transes, mais elle ne pouvait apporter remède à cet état de choses, car elle était absolument sans influence sur l'esprit de son père. Quoique jeune elle était sérieuse, raisonnable, prudente, et dirigeait la maison paternelle en ménagère accomplie. Sans se décourager, elle plaidait sans cesse pour la paix et la modération ; mais elle prêchait littéralement dans le désert ; rien ne faisait impression sur l'esprit brutal, emporté, indomptable de son père.

Un matin qu'il s'était réveillé dans un état d'exaspération extraordinaire, il s'agitait dans la maison, la parcourant à grands pas et adressant à ses voisins toutes sortes d'imprécations.

Alice, espérant faire diversion à ses pensées hargneuses, se hasarda à lui dire timidement :

— M. Mallet, du Comptoir d'Échange, est venu vous demander.

— Qu'est-ce qu'il me veut aussi ? ce damné Français de malheur ! fut la gracieuse réponse du père.

— Il ne me l'a pas expliqué : seulement il m'a annoncé qu'il reviendrait dans un jour ou deux.

Newcomé regarda sa fille de travers :

— En effet ! poursuivit-il aigrement, il doit avoir d'importántes affaires par ici, je le suppose ! combien de temps est-il resté ? Que vous a-t-il dit, ce maroufle ?

La jeune fille pâlit et rougit successivement: mais son émotion était causée plutôt par le ton et les manières choquantes de son père que par le souvenir de son entrevue avec le jeune Français. Les paroles empreintes de soupçon qui venaient de lui être adressées la troublèrent au point de rendre sa réponse hésitante et embarrassée.

— Je ne saurais vous rapporter ce qu'il a dit, répondit-elle en balbutiant; il me semble qu'il a loué l'emplacement de notre maison;.... il a expliqué que tout ce territoire lui était parfaitement familier;... qu'il était en état de me raconter une foule d'histoires fort intéressantes sur les mœurs, les guerres, les légendes des Indiens... etc...

— Vraiment! j'en suis touché! Je parierais qu'il en sait une provision d'histoires;... toutes plus intéressantes les unes que les autres! Il doit être extrêmement instruit en façons indiennes. Et, qu'a-t-il chanté encore, ce bel oiseau?...

— Il m'a demandé si j'avais des frères et des sœurs. Il trouve que je ne dois pas mener une existence agréable dans ce Settlement sauvage et solitaire, toute seule avec vous... surtout si on pense que vous êtes dehors la majeure partie du temps.

— En vérité ! Et il suppose que vous avez besoin de société, n'est-ce pas?... Eh bien! là, fran-
chement ! je ne suis en aucune façon de son avis.
Et, je vous le dis, Alicia Newcome! si ce polisson
de Français vient encore rôder par ici, sous prétexte de me demander ; s'il a l'effronterie de faire
des pauses pour vous distraire par sa conversation,.... je m'arrangerai de façon à ce que vous
vous mordiez les doigts de vous être prêtée à ces
familiarités là !

— Mais ! comment puis-je m'y prendre pour
l'empêcher de venir ici, et de me parler s'il
vient?... demanda la jeune fille moitié chagrine,
moitié irritée de l'apostrophe paternelle.

— Allons! bien! il faudra que je vous fasse la
leçon sur ce point, n'est-ce pas ? Comme si toute
femme ne connaissait pas d'instinct le moyen de
se débarrasser d'un importun ?

— Mais, je ne suis qu'une pauvre fille sans expérience, mon père ; je ne sais rien, si ce n'est
qu'il faut répondre civilement à qui me parle
avec civilité.

— Eh ! eh ! eh ! ricana l'irascible et grincheux
Settler, tout le sang de sa mère, damnation ! Petite effrontée ! prenez garde de vous montrer

1.

trop fidèle à *votre sang !* vous comprenez ? Je ne vous dis que çà ! Et, sachez que je ne veux pas vous voir, comme votre mère, prodiguer vos plus gracieux sourires à quiconque les sollicitera !

Il était dans les habitudes grossières de New-come de se venger sur sa noble femme de la pauvreté qu'elle lui avait apportée en dot; ces brutales récriminations avaient toujours fait grand fonds dans la couronne d'épines que la pauvre martyre avait dû supporter pendant sa vie.

Quoique accoutumée à voir sa mère rudoyée par son indigne tyran et froissée dans ses sentiments les plus délicats, Alice, depuis la mort de cette unique et précieuse amie, n'avait pu supporter les insultes adressées à sa mémoire chérie. Aux paroles cruelles de son père, des larmes brûlantes jaillirent de ses yeux et sillonnèrent lentement ses joues pâlissantes : mais elle se hâta de les essuyer furtivement, de peur qu'elles ne servissent de prétexte à quelques nouvelles cruautés.

La cabane de Newcome était assurément bien misérable pour servir d'habitation à cette gracieuse et mignonne fille. Mais, heureusement pour elle, la pauvreté ne lui avait jamais semblé

un mal sérieux ; sa mère avait fortifié sa jeune
âme par de salutaires enseignements ; tout en
lui faisant apprécier par-dessus tout les richesses de l'intelligence, — ce luxe du pauvre
aussi bien que du riche, — elle lui avait appris
à embellir l'indigence même, par les ressources
de l'esprit, de la grâce et d'une résignation
inaltérable.

Ainsi, dans cette rustique et prosaïque demeure, Alice avait su faire régner une atmosphère de propreté, d'ordre, de distinction, d'élégance même, où l'œil le moins délicat trouvait
aussitôt un reflet des précieuses qualités dé-
ployées par la jeune ménagère.

Mais, au fond, le contraste était frappant ; il
était pénible de songer qu'une si aimable enfant
se trouvait condamnée à hanter pareille demeure.

Très-probablement des pensées de ce genre
vinrent en esprit à Thomas Newcome. Il se rendit involontairement justice, en regardant d'un
œil furtif la pauvre Alice qui meurtrissait ses
petites mains en s'efforçant de tirer à elle les
lourds volets pour opérer la fermeture quoti-
dienne de la maison.

Probablement, dans l'âme sordide de ce ma-
nant, s'éleva un cri de la conscience, lorsqu'il se
demanda quelles seraient les appréciations de la
Gentry civilisée, si cette jeune fille lui apparaissait malheureuse, déclassée, courbée sous la froide
étreinte de la misère et de l'abandon.

Mais tout, chez cet homme, aboutissait à la colère. Il secoua violemment ces idées importunes,
se leva en sursaut et jetant sa chaise sur le plan-
cher, avec un bruit infernal, il se mit à marcher
de long en large, suivant son habitude, comme
un ours dans sa cage.

— Au lit ! fille ! au lit ! s'écria-t-il enfin ; je veux
déjeûner demain matin, de bonne heure ; car il
faudra aller tenir tête à ces *rogneurs de terre*. S'ils
ont besoin d'une leçon je leur en donnerai une :
au point du jour je serai en observation, et malheur à eux si je trouve un seul poteau déplacé !

Jamais Alice n'avait vu son père déployer une
telle violence. Toute tremblante, elle se retira,
sans mot dire, dans le sombre réduit qui lui servait de chambre à coucher. Thomas s'étendit sur
un banc dans la pièce commune : bientôt le silence — sinon le sommeil — régna sous le triste
toit de ces deux misérables créatures.

CHAPITRE II

UNE JOYEUSE VEILLÉE

La soirée s'était écoulée tout autrement chez les *Squatters* (concessionnaires, défricheurs) du *Claim* voisin. Pour donner ample satisfaction à leurs instincts de sociabilité, de confort et d'économie, quatre jeunes *chasseurs de terres* avaient imaginé de vivre ensemble dans la même habitation : ils avaient, par cet ingénieux moyen, économisé la construction et l'ameublement de trois cabanes, sur quatre. Ils avaient, en même temps, satisfait à une des principales lois de leur concession, savoir, la prise de possession par le fait d'un établissement à demeure. Au moyen d'une délimitation artistement combinée, ils avaient fait converger au centr les

quatre lignes de démarcation, et, sur ce centre,
ils avaient bâti leur rustique palais; ils avaient
réuni en commun toutes leurs richesses — plus
de bonne humeur que d'argent; — et ils vivaient
là, contents, insouciants, oublieux du passé, du
présent et de l'avenir.

Au demeurant c'étaient quatre beaux garçons,
tout de rouge habillés, barbus, chevelus, costu-
més, équipés d'une façon phénoménale. Néanmoins, au premier coup d'œil, on reconnaissait
dans leur tournure et leurs manières des géns
qui avaient « vu de meilleurs jours : » La rude
existence du désert avait bronzé leurs visages, assuré leur démarche, durci leurs mains, tout en ré-
pandant sur toute leur personne la mâle beauté,
l'élégance robuste, la souplesse infatigable de la
force unie à la santé.

Ce quatuor d'amis était issu de quatre profes-
sions bien différentes : l'un avait été Docteur ès-
sciences, mais n'avait jamais *pratiqué;* l'autre
était un Légiste qui s'en était également tenu à
la théorie; le troisième était Géomètre; le quatrième, Éditeur-libraire. Ces deux derniers
avaient une légère expérience de ce qu'ils préten-
daient avoir pratiqué.

Ils vivaient paisiblement, en bonne harmonie, dans leur hutte raboteuse et grossière, qui, pour tout mobilier, avait deux tréteaux en planches servant de lits, un fourneau de cuisine, une table en sapin, et quelques ustensiles de ménage en fer battu.

« Pour abréger, » il avait été convenu entre eux que chacun serait appelé par son titre professionnel ou une abréviation de ce titre. Ainsi donc *Doc, Squire, Ed*, et *Flag ;* (Docteur), (Bachelier légiste ou Écuyer), (Editeur) et (Porte-Drapeau ou Arpenteur-Géomètre), telles étaient les appellations servant à désigner la personnalité de chacun de ces gentlemen. Leurs vrais noms apparaîtront plus tard en temps propice.

— Je vous le dis, garçons, il fait joli aujourd'hui, n'est-ce pas ?.. dit *Squire* en se dandinant sur ses jambes comme un enfant de quatre ans. Puis il continua sa gymnastique sur un lit.

— Joli ! répéta *Doc ;* je pourrais croire que cette expression est juste à votre égard, jeune homme, en vous voyant gigotter sur ce lit. Mais, pour moi, je ne considère qu'une chose, c'est que voilà mon quatrième jour de cuisine. Vraiment, j'ai le dos rompu !

— Peuh ! vous parlez comme une femme, ob-

serva *Flag* d'un ton superlativement dédaigneux
pour ce symptôme de faiblesse.

— Ah! miséricorde! reprit *Doc* piteusement,
je ne voudrais qu'une seule chose ;... entendre ici
la voix d'une *vraie* femme !

— Sans aucun doute, interrompit philosophiquement *Squire*, de tous les animaux domestiques
la femme est le plus usuel. Tout homme peut
s'organiser une maison confortable sans chien,
ni chat, ni cheval, ni vache : mais, sans femme,
rien ne va bien. La femme est pour moi le ré-
sumé du monde domestique.

— Je trouve que vous parlez bien peu respec-
tueusement du beau sexe ! observa *Doc* avec gravité ; je saurais m'exprimer sur ce point avec plus
de convenance.

— Vous croyez? fit *Squire* d'un ton insouciant
et moqueur.

— Allons! reprit *Doc ;* voilà le souper prêt. Le
café sera, j'espère, assez chaud pour vous brûler
la langue et la punir de ses méfaits.

Le souper fut bientôt terminé; les plats furent
empilés dans un chaudron sans être lavés; l'intéressante tâche du récurage était réservée à *Ed,*
en ce moment hors de la maison.

— Ah! bien, oui! je ne ferai pas, durant une minute de plus, l'ouvrage de Master Ed : — trois jours chacun, c'est la règle ; ce paresseux a esquivé un jour de son service suivant sa coutume; et çà m'est tombé dessus, naturellement!

Parlant ainsi, Doc se jeta en gémissant sur le lit que Flag lui abandonna par déférence pour le lumbago dont il se plaignait.

— Oui, Ed est un *carotteur*, c'est un fait, observa Squire sentencieusement.

Doc gardait un silence précurseur du sommeil.

— Je suis de cet avis, complètement! appuya Flag. Master Ed sait très-bien s'approprier tout ce que nous avons de bon, et ce qui nous a souvent coûté bien de la peine à nous procurer : en revanche, il n'apporte jamais rien.

— C'est parfaitement juste, approuva Doc ; Ed est un fainéant et un égoïste.

— Si nous lui faisions une bonne farce? proposa Squire.

— Ah ! certes, bien volontiers ! mais que pourrions-nous imaginer ?

— On peut être sûr, reprit Squire, qu'il se gardera bien de rien apporter pour son souper; or, voici un plan délicieux pour le mystifier : lais-

sons sur la table, d'une façon négligente, le pain
et quelques rogatons froids, comme si nous les
avions oubliés. Je parie cent contre un, qu'au
lieu de se faire cuire la moindre chose, notre
paresseux dévorera tout cela à belles dents.

— Mais je ne vois là rien de bien farceur, interrompit Doc; c'est précisément ce qu'il fait
toujours, sans se gêner.

— Patience! jeune homme! vous n'avez pas la
parole; répondit Squire en voix de fausset; je
continue : Alors, nous sortirons tous, et nous res-
terons dehors, juste assez longtemps pour qu'il
ait le loisir de bien goinfrer : puis, l'opération
fatale accomplie, nous reparaîtrons, nous consta-
terons le fait, et nous lui donnerons, d'un air
funèbre, l'aimable assurance qu'il vient d'en-
gloutir des boulettes à loups empoisonnées, de
la strychnine et tout ce qui s'ensuit! Seigneur
quelle charge! de le voir souffler, gigoter, hur-
ler!... il se croira perdu!!

— Charmant! s'écria Doc.

— Superlatif! appuya Flag : mais dépêchons-
nous, je crois l'entendre siffler dans le lointain.

— Vite! vite! les victuailles sur la table! et...
filons! camarades!

Doc, vif et alerté comme une sauterelle, oublia son lumbago ; la petite troupe des conspirateurs s'envola comme un seul passereau.

— Hé ! les autres ! où allez-vous comme ça ? demanda Ed qui arrivait au même instant.

— Nous allons vérifier, lui dit Squire précipitamment, si cette vieille bête de Newcome ne démolit pas nos clôtures au clair de lune, pour les replanter à trente pas en arrière au profit de son *claim*.

Et, toujours courant, les trois conjurés se retirèrent dans un coin, attendant le moment favorable.

Ed, sans la moindre méfiance, s'attabla avec l'empressement d'un convive affamé, et fit consciencieusement disparaître tous les vivres qui lui tombèrent sous la main. Ensuite, pour faciliter la digestion, il tira de sa poche un journal tout *récent*, qui datait d'au moins quinze jours.

Pendant cet intervalle, les autres étaient revenus.

— Vous êtes tardif, ce soir, observa Flag pendant que ses complices prenaient place en sourdine ; apportez-vous quelques nouvelles ?

— Euh ! pas grand'chose. J'ai là seulement des

détails sur la Crimée; les épisodes de cette
guerre sont fabuleux. Mais une vraie calamité,
c'est de n'en avoir connaissance que lorsque ce
sont des nouvelles vieilles de quinze jours. Quel
malheur d'être dans un pareil dénuement! ne
trouvez-vous pas?

— Sans doute, mon garçon; mais nous ne
sommes pas les seuls dans ce cas. Ce n'est là
qu'une affaire d'habitude.

— Mon Dieu, oui! comme en toute chose, du
reste; appuya Doc. Avez-vous soupé, Ed? ajouta-
t-il avec une indifférence calculée.

— Oui : je me suis accommodé de ces restes ; je
pense que cela me suffira.

Doc se retourna vers la table avec un tressaillement admirable de naturel.

— Miséricorde du ciel! s'écria-t-il; vous avez
mangé ces rogatons?

— Oui. Il y avait quelques croûtons de pain
et deux ou trois morceaux de viande froide : ce
n'était ni indigeste par la quantité, ni merveil-
leux par la qualité. Mais pourquoi cette question
effarée? Vous avez tous des airs lugubres et stu-
péfiants!

— Ah! mon pauvre ami! vous êtes un homme

mort ! s'écria Doc en se laissant tomber sur un banc.

— Des boulettes à loups ! farcies de strychnine ! s'exclamèrent à la fois Squire et Flag d'une voix horripilante.

— Que me dites-vous ? C'était... empoisonné ? bégaya Ed terrifié, pendant que son visage passait par toutes les couleurs de l'arc-en-ciel et que ses jambes flageolaient.

— Doc ! quel est le contre-poison pour la strychnine ? hurla Squire avec des intonations convulsives ; il n'est peut-être pas encore trop tard pour le sauver.

— Mais, c'est que la strychnine agit immédiatement ! grommela Flag, comme s'il se fut parlé à lui-même, tout en ayant soin de se faire parfaitement entendre du patient.

— Huile ! saindoux ! lard ! graisse ! dit Doc avec volubilité ; nous avons ici du lard et de l'huile, je vais en essayer l'usage.

Ed, convaincu de son funeste sort, se roulait sur un banc avec de piteux hoquets, et se tenait l'estomac serré à deux mains, d'un air agonisant.

Sans perdre une seconde, Doc coupa une énorme tranche de lard et la lui présenta.

— Ch! il n'y a pas besoin... murmura Ed ; il est trop tard, le poison a commencé son œuvre diabolique. Oh! quelles souffrances! Oh! cher... cher ami! comment pouvez-vous être si imprudent?

— Pardonnez-moi, Ed! avant de mourir,... si toutefois vous succombez; répliqua l'autre qui avait toutes les peines du monde à se contenir. Enfin, peut-être en réchapperez-vous, mon bon, mon vieux camarade : Allons, vivement, avalez-moi ce lard; — il n'y a pas une minute à perdre : — avalez vigoureusement.

Tout mourant qu'il se croyait, Ed eut la force de penser que dévorer à plein gosier une demie livre de lard froid était une opération pénible et ardue. Néanmoins il essaya d'en grignoter un petit morceau, perdit courage, et se laissa tomber sur le lit, désespéré.

— Il ne faut pas vous décourager ainsi, Ed, dit Flag avec autorité; essayons de l'huile, ce sera plus facile à avaler. Allons! de l'énergie!... que diable! vous êtes un homme, je pense!

Ainsi pressé jusque dans ses derniers retranchements, Ed fit un effort désespéré et avala d'une seule gorgée tout le nauséabond contenu de la cruche qui lui était présentée.

— Est-ce qu'il n'y en a pas assez, là, pour me tirer d'affaire, docteur? demanda le patient qui, à ses souffrances imaginaires, sentait se joindre une horrible plénitude d'estomac.

— Je ne sais trop... trouvez-vous ce remède-là plus aisé à prendre que le lard?

— Oh non! je ne trouve pas cela commode du tout. Il me semble que si le lard était fondu ou coupé en petits morceaux je l'avalerais plus facilement. Mais, j'y pense, si l'un de vous me frictionnait la poitrine.

Squire et Flag se mirent à le frotter d'importance, outrepassant même de beaucoup ses désirs. En même temps Doc fit fondre du lard, dans un vaste bol, sur la flamme de la chandelle, car le feu était éteint.

— Je... je... trouve que les frictions me font du bien, bégaya la triste victime en cherchant à reprendre haleine sous les poings furibonds de ses amis.

— C'est aussi mon avis, dit Doc sentencieusement; et maintenant si vous pouvez absorber ce bol de graisse fondue, je crois que nous arriverons à vous sauver.

— Ah! Seigneur! miséricorde! s'écria Ed,

lorsque par un effort surhumain, il eût réussi à
ingurgiter l'atroce breuvage ; c'est au moins aussi
mauvais que le poison !

— Jamais ! mon bon ! jamais ! observa Squire :
si vous en réchappez, il faudra bénir cette médication bienfaisante.

— Mes amis ! je m'en vais ! c'est fini, je le sens !
voyez plutôt ! hurla le patient qui se laissa tomber presque inanimé sur le sol.

Les trois impitoyables farceurs eurent un
moment d'anxiété : Ed se tordait dans les angoisses très - réelles d'une indigestion mon-
strueuse. Heureusement la vigueur de sa consti-
tution prit le dessus, d'abondants vomissements
le soulagèrent : il s'endormit tout brisé et tout
endolori, d'un profond sommeil.

La farce était jouée ; les trois conspirateurs se
retirèrent en leurs lits respectifs, dans le ravisse-
ment d'avoir aussi bien et aussi complètement
réussi.

Puis, ils s'abandonnèrent béatement aux dou-
ceurs du repos.

Mais à une heure indue de la nuit, vers le matin, tous les dormeurs furent éveillés en sursaut
par un bruit étrange ; il leur sembla entendre

quelqu'un entrer furtivement dans la chambre.

— Est-ce vous Doc ? demanda en baillant Squire qui occupait le même lit avec Flag.

— Non, répondit l'autre : Je parie que c'est Ed : en tout cas il n'est pas dans le lit.

— Hé! l'ami Ed! qu'avez-vous donc pour être si matinal? Vous sentiriez-vous plus mal ?

— Mal...! grommela l'infortuné, d'une voix de somnambule ; je voudrais bien savoir si vous ne seriez pas dolents et tourmentés, ayant le corps bourré d'huile et de graisse !

Un gros rire à demi étouffé fut la seule réponse. Ed s'en formalisa :

— Il vous est facile de rire, Messieurs, je n'en doute pas : je voudrais seulement que quelqu'un de vous eût été aussi proche d'un empoisonnement mortel, et qu'il eût souffert toutes les épreuves qu'il m'a fallu traverser; nous verrions bien s'il trouverait la chose aussi réjouissante!

— C'est un fait! observa Squire avec un accent sympathique. Mais comprenez, cher, qu'à présent vous voilà hors d'affaire : nous en sommes heureux... mais heureux...! au point d'en avoir le fou rire.

— D'ailleurs, ajouta Flag ! nous ne rions pas de

2

votre accident; Dieu nous en garde! nous trou-
vons seulement, que votre médication, — si complétement efficace, — avait un cachet,... comment
dirai-je?... un caractère... fort bizarre. Enfin,
je pense, mon brave Ed, que vous restez notre
débiteur d'au moins trois belles peaux de loups;
car en absorbant ainsi leur ragoût futur, vous
nous avez fait tort d'une superbe rafle; la nuit
était magnifique pour la sortie du loup.

— Que la peste vous confonde tous! vous et les
loups! gronda la victime en continuant à se
heurter çà et là dans les ténèbres, au milieu de
ses évolutions inquiètes.

— Allons, ami Ed, calmez-vous, ne vous faites
pas de bile! Il n'y a eu là-dedans qu'un oubli bien
involontaire. Doc va doubler ses jours de corvée,
pour vous remplacer; il fera la cuisine pendant
trois jours encore, en punition de sa négli-
gence.

Il ne fallait rien moins que cette flatteuse promesse pour calmer le malade : peu à peu son
agitation fut calmée, tout le monde se rendor-
mit.

Dès les premières lueurs de l'aube, le quatuor
fut debout; on expédia vivement le déjeûner afin

de mettre en train, sans retard, les affaires de la journée.

Les jeunes *squatters* se doutaient bien que Newcome ne manquerait pas de déraciner leurs clôtures pour les reculer à sa ligne idéale de démarcation sur le terrain de Squire et de Doc : ces deux derniers formèrent donc le projet de se tenir sur les lieux afin de s'opposer à l'usurpation.

Flag avait rendez-vous avec une compagnie d'arpenteurs qui devaient l'occuper à une assez grande distance, et le retenir jusqu'à la nuit.

Ed déclara que son intention était d'aller à la chasse, si, après le repas, il se sentait la force de porter son fusil.

— Vous ferez acte de bonne camaraderie à notre égard, observa Flag, en fusillant les loups que vous avez mis hors de danger cette nuit.

— Que la peste vous confonde, Flag ! Je ne sais ce qui m'a empêché de faire feu sur vous ou sur Doc, ou sur celui qui a laissé traîner cette strychnine sur la table. Je ne suis pas encore bien sûr que toute cette aventure ne serve pas de base à une bonne plainte de ma part contre vous

tous, qui amènerait parfaitement votre arrestation.

— Non, mon chéri, répliqua Doc avec un sourire agaçant, car il n'y avait pas plus de strychnine que sur ma main. Le tour a été bien joué,
croyez-moi.

Ed lança successivement un regard sur Squire
et sur Flag ; il les vit gonflés d'un éclat de rire
tout prêt à faire explosion. La vérité se fit aussitôt jour dans son esprit ; il avala à la hâte sa tasse
de café, et, sans prendre aucune autre nourriture,
il se leva de table, prit son fusil et sortit sans dire
un seul mot.

— Whew...! il s'en va plus ahuri qu'un chat
ébouillauté, dit Flag en riant ; je ne serais point
étonné qu'il méditât de prendre une éclatante
revanche.

— Certainement : une autre bonne farce serait
de faire mettre son aventure dans les journaux.
Ah ! ah ! ah ! serait-il enragé ! Sa dignité *Édito-
riale* recevrait un cruel échec. Dans tous les cas
il ne nous pardonnera pas, soyez-en sûrs.

— Bah ! une tempête dans une théière ! fit
Squire en pirouettant.

— C'est cela ; et l'orage sera passé d'ici à l'heure

du dîner : Ed n'a presque rien mangé ce matin ; or, la faim est un puissant réactif pour amener l'ennemi à composition, répondit Doc philosophiquement.

— Eh bien ! adieu mes amis, il faut que je parte, dit Flag en se levant et faisant ses préparatifs : Ayez soin de vous, Doc ; prenez bien garde que Ed ne nous fasse aucune cuisine d'ici à quinze jours ; il nous empoisonnerait pour tout de bon.

A ces mots, le jeune arpenteur tourna les talons et s'éloigna en sifflant.

— Flag est un bon garçon, observa Doc ; ce serait dommage qu'il ne réussît pas.

CHAPITRE III

UNE TRAGÉDIE DANS LES BOIS

Les splendeurs joyeuses d'une belle matinée printanière semblaient avoir donné à toute chose une vie et une animation particulières. Partout, dans les bois, retentissaient le chant des oiseaux, le murmure des insectes, l'harmonie charmante et inexprimable de ces mille petites voix confuses qui se réunissent pour former l'hymne grandiose de la nature heureuse dans sa solitude. Dans les clairières on voyait çà et là, folâtrer gracieusement les jeunes loups des prairies, glisser de monstrueux serpents roulés en anneaux étincelants, voler des papillons, courir des écureuils aux branches les plus aériennes des arbres.

Henry Edwards et Frédéric Allen (*Doc* et

Squire du précédent chapitre) ne pouvaient contenir leur admiration à l'aspect du ravissant
spectacle qui émerveillait à chaque pas leurs regards.

Leur route côtoyait les bois des collines, en suivant un sentier qui séparait la prairie des régions
boisées : d'un côté ondulait l'Océan de la verte
plaine ; de l'autre, la forêt profonde, comme une
toison luxuriante, couvrait à perte de vue les
croupes fuyantes des collines dont les pentes
douces descendaient jusqu'au Missouri. Par intervalles quelques longues avenues livraient passage aux regards, et dans le fond lumineux de ces
voûtes ombreuses, on voyait scintiller les flots
majestueux du *Père des Eaux*.

Un ciel dont l'azur sans tache annonçait une
atmosphère pure, un soleil radieux, dans l'air et
sur la terre les effluves balsamiques du jeune
printemps, le bonheur de vivre, la force, la
santé, le courage, l'espoir, tout souriait aux
jeunes voyageurs.

La hache sur leurs robustes épaules, alertes,
gais, heureux, ils cheminaient en chantant, parlant et riant.

O verte jeunesse ! sourire de la vie ! fleur de

l'existence ! que ton âme reste joyeuse ! ton scleil brillant ! ton ciel sans nuages !...

Et pourtant, par cette douce matinée, il y avait une jeune et charmante créature qui « ployait tristement la tête sous le fardeau de la vie. » Après avoir préparé le repas de son père, et mis tout en ordre dans sa pauvre cabane, Alice était sortie à pas lents avec une corbeille pour cueillir les fraises qui, par millions, tapissaient le sol humide des bois.

Elle était, au milieu de ce paysage enchanteur, une ravissante apparition, avec son blanc chapeau de paille que débordaient de partout les boucles soyeuses de ses cheveux blonds, son châle écarlate croisé sur la poitrine et noué derrière la taille, sa robe gris-perle flottant au gré de la brise matinale.

Doc et Squire, en l'apercevant au sortir d'un bosquet, ne purent retenir une exclamation admirative ; leurs regards la suivirent avec une sympathie facile à concevoir. Ils ne songeaient déjà plus qu'ils étaient partis pour aller disputer, pied à pied, leur territoire à son père.

Alice Newcome leur était personnellement inconnue, mais sa réputation de beauté, bien ré-

panduc parmi les settlers, était depuis longtemps
parvenue jusqu'à eux. Il leur suffit d'un coup
d'œil pour deviner qu'elle était cette charmante
glaneuse de fraises, près de laquelle ils allaient
passer.

Les deux jeunes gens lui adressèrent un res-
pectueux salut, mais continuèrent leur route en
ralentissant le pas et se creusant la tête pour
trouver quelque bon prétexte qui leur permît de
lui adresser la parole.

De son côté, Alice leur avait adressé un timide
regard, mais sans coquetterie. Elle ignorait tout
artifice, la naïve enfant ; ses beaux yeux, limpides
comme l'azur, reflétaient son âme pure, franche,
loyale.

A peine les voyageurs eurent-ils fait quelques
pas, qu'un cri de terreur se fit entendre : c'était la
jeune fille qui l'avait poussé. Ils revinrent en
toute hâte vers elle, et la trouvèrent immobile et
comme pétrifiée par la terreur, les yeux fixés sur
un grand buisson tout proche.

Un coup d'œil suffit aux jeunes gens pour juger
de la situation : deux énormes serpents enroulés
ensemble froissaient les ha... s herbes sous leurs
monstrueux replis et s'avançaient vers le sentier.

— N'ayez pas peur, ces animaux ne sont point
d'une espèce dangereuse ; miss... miss Newcome,
je présume? dit Fred Allen.

La jeune fille poussa un soupir de soulagement :

— Merci, messieurs, répondit-elle, je vous
demande mille pardons d'avoir interrompu votre
course ; je suis d'une poltronnerie extrême en
présence des serpents, et je ne sais pas distinguer ceux qui sont inoffensifs de ceux qui sont
venimeux. '

Tout en parlant, Alice et ses deux auxiliaires
s'étaient rapidement éloignés de l'horrible groupe
des reptiles.

— Je ne m'étonne nullement de votre frayeur,
miss, se hâta de dire le docteur, vos impressions
sont exactement les miennes ; je frissonne toujours des pieds à la tête quand j'aperçois un
serpent, venimeux ou non. Mais, permettez-moi
de prendre pour quelques instants votre corbeille,
vous êtes encore toute tremblante.

— Je vous remercie, sir ; ma corbeille est trop
petite pour me paraître lourde ; d'ailleurs elle
n'est qu'à moitié pleine, ajouta Alice en souriant,
et je ne pense pas qu'il m'arrive de la remplir
aujourd'hui.

— Vous avez peur d'avoir peur encore?... répliqua gaîment Allen. Puis il ajouta, en prenant la corbeille : Voyons si vous en avez assez pour votre dîner : Ah! mais non! elle n'est qu'à moitié pleine. Écoutez, mon claim fourmille de fraises; le docteur et moi nous allons nous mettre à l'œuvre et vous compléter votre provision en un clin d'œil, si vous voulez nous le permettre.

Une expression d'inquiétude vint aussitôt troubler le visage d'Alice; elle s'avança vivement, la main tendue, pour reprendre sa corbeille.

— Non, non! répondit-elle précipitamment; vous êtes trop bon, je ne veux pas vous déranger plus longtemps.

Les jeunes gens furent surpris du ton avec lequel fut dite cette phrase, et ne parvinrent pas à dissimuler leur étonnement. La jeune fille s'en aperçut fort bien, mais son trouble parut s'accroître, elle poursuivit avec une nuance d'amertume.

— N'êtes-vous pas, je crois, les gentlemen avec lesquels mon père est en dispute relativement aux limites des claims? J'ignore de quel côté est le bon droit. En conscience, je suis obligée de reconnaître que mon père est violent, irascible;

mais, sirs, je crains qu'il n'arrive quelque malheur si ces discussions se perpétuent.

En finissant, la voix d'Alice était tremblante,
des larmes roulaient sur ses paupières. Allen et
son ami furent touchés ; le chagrin d'une aussi
charmante affligée ne pouvait manquer d'être
contagieux.

— Ne vous alarmez pas pour votre père, miss
Newcome, lui dit Allen avec la plus grande dou-
ceur ; je vous donne ma parole de ne jamais user
de violence dans aucune occasion.

— Je vous fais, de tout mon cœur, la même
promesse, dit le docteur.

— C'est que je suis bien en peine, reprit douloureusement la jeune fille : je ne dois pas vous
cacher, sirs, que mon père est sorti ce matin avec
son fusil, dans un état d'emportement terrible.

— Eh bien ! dit Allen en prenant un air d'indifférence affectée, votre père n'a rien à craindre
et nous seuls sommes en danger ; car, ainsi que
vous pouvez le voir, nous ne sommes point
armés.

Alice était peu habituée à de semblables conversations ; elle garda timidement le silence,
mais son doux regard fit à Allen une réponse

bien plus expressive que tous les discours du
monde. Le jeune homme, touché jusqu'au cœur
par ce muet appel à sa bienveillante modération, se hâta de dire d'une voix émue :

— Maintenant, en signe de paix et de récon-
ciliation, vous allez nous permettre de cueillir
nos fraises pour en remplir votre corbeille; vous
regagnerez ensuite votre logis, gentiment appro-
visionnée, et nous arriverons peut-être enfin à
conclure une trève à toutes ces discussions.
N'est-ce pas, docteur ?

— Oui! je serais bien heureux d'en finir avec
ces tiraillements pénibles, répliqua ce dernier
en prenant doucement la corbeille où son compagnon commençait déjà à jeter des fraises.

Ainsi pressée, la jeune fille les laissa faire en
souriant. Intérieurement il lui semblait que
cette petite aventure n'avait rien de « dangereux, » et, qu'au contraire, le retard apporté dans
la marche des jeunes gens serait utile, puisqu'il
les ferait arriver moins vite sur les lieux contes-
tés : pendant ce temps la colère de Newcome
aurait le temps de s'apaiser un peu à la fraî-
cheur du matin.

Cette pensée, et quelques autres sentiments

dont elle ne se rendait pas compte, ramenèrent le
calme dans son esprit, les teintes rosées sur ses
joues, le sourire sur ses lèvres : elle reçut la corbeille remplie jusqu'au bord, en remerciant avec
effusion.

— Adieu maintenant, miss Newcome, dit
Allen ; peut-être avant ce soir votre père nous
invitera à en manger chez vous.

— Dieu le veuille ! j'en serais bien heureuse !
répondit l'enfant avec une naïve ardeur.

Puis, tout à coup se rappelant les sévères paroles de son père, et songeant que sa conversation avec des étrangers avait duré trop longtemps, Alice rougit, baissa la tête et s'enfuit.

Après l'avoir suivie des yeux jusqu'à ce qu'elle
eût disparu derrière les arbres, Squire et Doc
continuèrent leur promenade matinale.

En arrivant sur le territoire litigieux, ils trouvèrent leurs pieux arrachés entièrement, une
nouvelle rangée plantée fort avant sur leur claim,
en détachait une portion considérable. Cet em-
piétement audacieux, en tranchant dans le vif
sur leur propriété, la dépouillait d'un superbe
pâturage et d'une futaie magnifique.

Leur premier mouvement fut loin d'être paci-

fique, et ils n'auraient pas eu besoin d'être beaucoup excités pour recourir aux moyens violents.
Quoiqu'ils eussent pour eux déjà le droit légal
d'une concession authentique, le *droit du plus fort*
commençait à leur paraître préférable.

Cependant, disons-le à leur louange, le souvenir
des pacifiques promesses qu'ils venaient des faire
à la tremblante Alice leur revint à l'esprit; ils
formèrent la bonne résolution d'y rester fidèles.

— Tout ce que nous pouvons faire en cette
occurrence, dit Allen, c'est d'imiter ce vieux
singe de Newcome; arrachons ses clôtures et
transportons-les à leur place légitime.

— Adopté à l'unanimité! répondit gaîment le
docteur; je ne vois guère d'autre parti à prendre.

Aussitôt les jeunes gens se mirent vigoureusement à l'œuvre. Ils travaillèrent ainsi pendant
une heure et demie sans être troublés dans leur
occupation solitaire; mais lorsqu'ils arrivèrent à
la forêt, ils aperçurent Newcome qui, appuyé sour-
noisement derrière un arbre, guettait tous leurs
mouvements. Ne voulant pas avoir l'air de le reconnaître, jusqu'à ce qu'il s'annonçât lui-même, ils
continuèrent leur besogne comme si rien n'était;
arrachant, replantant, consolidant leurs pieux.

Lorsqu'ils furent tout à fait proches de lui, l'action s'engagea :

— Vous verrez sous peu votre travail perdu, leur dit l'irascible voisin avec un affreux sourire.

— Eh bien! nous recommencerons la partie dès que vous aurez fait votre jeu, répliqua aigrement le docteur.

—˞ Oui, mais viendra le moment où vous aurez recommencé une fois de trop, gronda l'autre.

— Est-ce une menace? par hasard ! demanda le docteur d'une voix de cuivre.

— Rappelez-vous notre promesse, Doc! murmura Allen à son oreille, de façon à ce que New-come ne l'entendît pas ; laissez aboyer ce vieux dogue, il ne peut nous faire grand mal.

— Oh ! oh! quand je n'aboie plus, je mords, moi! riposta avec une sauvage emphase New-come, qui avait compris les derniers mots.

Allen se doutait bien que cette escarmouche verbale ne finirait pas bien; pour donner à son ami le temps de se calmer, il s'empressa de prendre la parole avant le docteur.

— Nous ne pouvons croire, M. Newcome, dit-il posément, que vous ayez l'intention de commettre

vis-à-vis de nous quelque acte violent ou illégal.
Si nous ne pouvons arriver au réglement de cette
difficulté entre nous, il faudra la déférer au
claim-club ou à une cour de district, comme
vous aimerez mieux.

— Oh! mais non! vous ne me fourvoierez pas
dans les buissons de la chicane, mes beaux mignons! reprit Newcome en ricanant: je sais trop
bien où s'en iraient mes droits, dans cette hypo-
thèse. Des gens comme vous ne sont pas gênés
par un excès d'honnêteté!... Je m'entends, et je
préfère régler moi-même mes petites affaires.

— Prenez garde à ce que vous dites! s'écria
le docteur dont le sang irlandais se mettait
promptement en ébullition.

— Bast! n'écoutons donc pas ce pauvre fou!
fit Allen en se détournant avec une expression
de mépris.

Au même instant Newcome lui lança sur la
tête un énorme gourdin qu'il avait tenu tout prêt:
Allen aurait été assommé, si le docteur n'eût
paré le coup avec sa hache en coupant le bâton,
et le rejetant sur Newcome.

Les yeux de ce dernier étincelèrent comme ceux
d'un loup; instinctivement il prit et arma son

fusil qui, jusque-là, était resté appuyé contre un arbre.

— Faites attention ! Newcome ! Malheur à vous si vous faites feu ! cria Allen. Je retirerai si vous voulez mes propos offensants, que vous avez pourtant provoqués. Croyez-moi, restons-en là, avant qu'il survienne entre nous matière à quelque terrible regret.

— Pas de trève, non ! cet homme doit être mis en arrestation ! vociféra le docteur hors de lui.

— Eh bien ! arrêtez-moi si vous pouvez ! répondit Newcome en serrant les dents.

A ces mots, il jeta son fusil sur son épaule et disparut dans le fourré.

Les jeunes gens restèrent durant quelques minutes en délibération, ne sachant quelle allure donner à cette méchante affaire, en présence d'un tel ennemi.

Tout à coup un éclair brilla dans l'ombre du bois, une détonation se fit entendre ; le docteur tomba à la renverse en s'écriant :

— Allen ! mon Dieu ! je suis frappé à mort !

Allen fut tellement abasourdi de cette catastrophe, qu'il resta pendant quelques instants sans savoir que faire.

Cependant, au bout de quelques secondes, s'é-
tant assuré que le pauvre Doc était réellement
mort, le jeune homme reprit un peu son sang-
froid et songea à poursuivre le meurtrier. Mais
désespérant de l'atteindre, seul et sans armes, il
courut au plus près, c'est à dire au Comptoir de
la Compagnie d'Hudson : là il demanda aide et
vengeance.

Sur le champ le Settlement tout entier fut sur
pied, à la recherche du criminel. Chose étrange!
ce dernier n'avait pas même songé à fuir : on le
trouva dans le bois, à proximité du théâtre de
son crime. Quand il vit arriver la foule mena-
çante et irritée, il promena sur elle des regards
hautains et resta fièrement immobile : mais
lorsque les clameurs dont il était le but lui eurent
appris qu'on l'accusait d'avoir commis un homi-
cide volontaire sur la personne d'Henry Edwards,
il eut un tressaillement terrible et renversa sa
tête en arrière avec une expression de mortelle
angoisse.

Le corps inanimé d'Edwards fut transporté à
Fairview, le chef-lieu du comté ; là il fut déposé
dans un caveau provisoire, en attendant la session
des assises criminelles du district.

CHAPITRE IV

L'INFORMATION

C'était Allen qui soutenait l'accusation contre Newcome ; lorsqu'on lui demanda quel autre témoignage pourrait être fourni dans l'enquête préparatoire, il fut forcé, bien à contre-cœur, de nommer Alice Newcome comme étant la seule personne qui pût confirmer la terrible vérité.

Cependant il devait y avoir d'autres individus informés des sentiments hostiles que le prévenu nourrissait contre sa victime ; suivant l'usage, le juge les adjura de se produire pour éclairer la justice.

D'autre part, il semblait par trop cruel de demander à la propre fille du prisonnier des révélations fatales pour son père : chacun comprenait bien les angoisses dans lesquelles devait être plongée la malheureuse enfant. Allen s'offrit pour aller la trouver et entrer en pourparlers avec elle.

La cabane de Thomas Newcome était placée au centre d'une clairière, sur le sommet d'une colline dont la pente gazonnée descendait en ondulant jusqu'à la rivière Iowa : de cette élévation la vue découvrait un riant paysage tout le long du Missouri. Cette esplanade naturelle était couverte, sur trois côtés, par une épaisse ceinture de hautes futaies ; verdoyants remparts tout crénelés de festons fleuris où s'entrelaçaient la liane odorante et la vigne sauvage. Devant la maison surgissaient partout des groseillers, des fraisiers, des ronces aux fruits rouges et des arbrisseaux disposés en bosquets irréguliers ; le tout formant un fouillis adorable comme tous les trésors naturels que la main prodigue du Créateur a semés au sein de cette heureuse nature vierge.

La jeune maîtresse du logis s'occupait diligemment de préparer le repas de midi, mais non sans faire de fréquentes pauses pour aller sur le seuil enguirlandé de la chaumière réjouir ses yeux à l'aspect des cieux, des bois, des flots joyeux :

3

comme un écho vivant des harmonies printa-
nières, la gracieuse enfant chantait aussi en
même temps que les oiseaux et les brises mur
murantes.

En s'approchant de la cabane, Allen entendit
la fraîche voix d'Alice : ses genoux fléchirent
sous lui, le cœur lui manquait pour broyer cette
joie innocente sous le fardeau de la douleur !

La jeune fille trottait allègrement par la maison ; Allen le reconnaissait aux notes, tantôt
assourdies, tantôt éclatantes de sa voix. Au moment où il apparaissait dans la clairière, Alice
venait une dernière fois sur le seuil de la porte
sourire avec la belle journée, messagère du printemps. Elle était ravissante à voir, toute rose de
l'exercice auquel elle venait de se livrer, couron-
née de ses beaux cheveux blonds flottant dans un
joyeux désordre, les yeux animés et riants, les
lèvres entr'ouvertes comme une grenade en
fleur.

A l'aspect de ce visiteur imprévu, ses joues
pâlirent un peu, sa physionomie devint sérieuse ;
elle étendit involontairement ses mains comme
pour repousser une vision importune.

Allen s'approcha, saisit avec un tendre respect

ses doigts mignons, encore teints des rougeurs de la fraise ou de la cerise. Il la fit rentrer dans la maison : la table était mise et portait sur son milieu la belle corbeille pleine, cueillie le matin par les deux jeunes gens.

— Ah ! bégaya-t-il en essayant un sourire, vous offrirez bien, sans doute, quelques-uns de ces beaux fruits au convive qui vous surprend sans être invité?

Puis il se tût, retenant toujours les mains d'Alice dans ses mains tremblantes, et fixa ses yeux sur elle avec tristesse, mais ne pût ajouter un mot.

La jeune fille, impressionnée par l'étrange contenance d'Allen, restait muette, effarée, immobile, pressentant quelque chose de terrible, n'osant même pas faire une question.

Allen, de son côté, ne savait comment rompre le silence : tout à coup des bruits de voix animées s'approchèrent, il se vit forcé de parler pour préserver Alice de quelque secousse plus foudroyante.

— Pauvre enfant ! s'écria-t-il d'une voix navrée, j'ai de malheureuses nouvelles à vous apprendre... Votre père est en prison, et...

Il ne put achever sa phrase ; la jeune fille s'arracha de ses mains et bondit en arrière avec éga-
rement, puis elle retomba évanouïe.

Allen la relevait et s'efforçait de la ranimer,
lorsqu'un constable apparut sur le seuil de la
porte, accompagné de deux citoyens de Fairview.

Le constable, au milieu de sa rude profession,
avait conservé un cœur accessible à la sensibilité : il fût ému et hésita à remplir son pénible
devoir.

— Pauvre créature ! comme elle a pris cela à
cœur ! murmura-t-il ; ouf ! je n'aime pas ces
affaires-là ; et puis, ça me fend le cœur de voir
les femmes mêlées à de semblables catastrophes ;
elles n'ont pas la force de supporter çà comme
les hommes.

Allen ne répliqua rien. Il songeait amèrement
à la triste fonction qu'il remplissait dans cette
lamentable occurrence, et se figurait l'aversion
que la jeune fille allait éprouver contre lui...
lui, l'accusateur de son père !

— Eh ! mais ! ce n'est qu'une enfant, remarqua
l'un des deux assistants regardant par-dessus l'é-
paule du constable : n'est-ce pas étrange qu'elle

composât, à elle seule, toute la famille de Newcome — ce vieux gredin !

— En vérité, on se demande d'où elle tient sa
beauté, dit l'autre; elle est positivement très-
jolie, c'est formel.

— Retirez-vous un peu, gentlemen, s'il vous
plaît, dit Allen avec un mouvement d'impa-
tience, vous empêchez l'air d'arriver jusqu'à elle.

— Elle reprend connaissance, observa le constable en se reculant jusqu'au dehors.

Les deux citoyens de Fairview avaient moins
de délicatesse que le recors; ils firent semblant
de bouger, mais ils restèrent à proximité pour
surveiller les mouvements de la jeune fille.

Allen les aurait souffletés s'il ne s'était retenu.
Il garda un sombre silence, s'occupant avec une
sollicitude et une délicatesse toutes féminines à
réparer le désordre des vêtements d'Alice.

Quelques mouvements convulsifs entremêlés
de sanglots annoncèrent bientôt que la jeune fille
revenait à elle :

— Oh! mon père! mon pauvre père! s'écria-
t-elle.

En même temps ses yeux s'ouvrirent et mani-
festèrent une expression d'effroi en rencontrant

tous ces regards étrangers fixés sur elle. Cet entourage inattendu sembla lui inspirer une résolution effarée qui ranima ses forces.

Elle comprima ses sanglots et se leva debout dans une attitude désolée, pendant que des larmes brûlantes roulaient sur ses joues pâles et glacées.

— Prenez courage, miss Newcome, dit Allen : votre père est sain et sauf pour le moment. Peut-être la Providence lui ouvrira une voie de salut ; en tout cas, il est trop tôt pour vous livrer au désespoir.

Le constable qui s'était approché pour savoir comment elle allait, entreprit de lui fournir aussi des consolations.

— Là ! là ! oui, miss, lui dit-il avec sa grosse voix enrouée ; de par tous les diables !... je veux dire, n'ayez pas peur ! Eh ! il n'y aurait plus d'hommes sur la terre si la moitié seulement des accusés étaient coupables. Qui sait s'il ne surviendra pas quelque incident de nature à établir que ce coup de feu a été purement accidentel ? De par tous les diables !... je veux dire, n'ayez pas peur.

— Serait-il vrai ?... mon père a donc tué quel-

qu'un...? s'écria Alice avec désespoir. Mais,...
vous êtes vivant, sir, continua-t-elle en s'adressant à Allen; et... et... qui donc... a été tué?

— Mon ami, le docteur Edwards a été frappé
d'un coup de fusil, répliqua sombrement Allen,
tout palpitant au souvenir de la scène sanglante
arrivée le matin.

Alice resta muette; mais les douloureuses
contractions de son visage trahissaient l'amertume intérieure de son âme. Bientôt elle remarqua la présence persistante des étrangers, et
comprit qu'ils attendaient quelque chose. Allen
était resté assis près d'elle; elle lui demanda à
voix basse quelles pouvaient être leurs intentions.

Allen fit approcher le constable :

— Ce gentlemen, dit-il, vous expliquera ce qu'on
attend de vous.

— Ma chère miss, commença celui-ci embarrassé; de par tous les diables !... je veux dire,
n'ayez pas peur : c'est toujours parfaitement désagréable pour une fille de porter témoignage
contre son père; et, pour votre bonheur, j'espère
que vous n'aurez pas grand'chose à dire sur son
compte, quand on vous interrogera; pour votre
bonheur, je l'espère. Mais la loi et la justice le

veulent ; de par tous les diables !... je veux dire,
n'ayez pas peur : oui, il faut qu'aujourd'hui
même, devant le juge, vous déclariez ce que vous
savez sur cette affaire.

Alice avait dévoré avec angoisse les moindres
paroles de cet homme, espérant, jusqu'à la fin, y
trouver quelque lueur de consolation. Lorsqu'elle
eût compris que tout ce verbiage ne signifiait
qu'une seule chose : déposer contre son père! le
désespoir la gagna ; malgré tous ses efforts pour
se raidir contre eux, ses sanglots éclatèrent à
lui briser la poitrine, et elle s'écria d'une façon
déchirante :

— Oh! mon père! mon pauvre père !

Ce spectacle navrant arracha des larmes à tous
ceux qui l'entouraient.

— De par tous les diables !... murmura le bon
constable en se plongeant les poings dans les
yeux; je veux dire... non... Enfin, bref,... nous
avons encore trois bonnes heures devant nous,
en attendant que l'information commence : nous
ferions bien de retourner en ville, et de dépêcher
ici quelques femmes pour consoler cette pauvre
affligée. Sans cette précaution elle ne fera qu'un
cri, comme çà, jusqu'à ce soir.

Allen fit un pénible effort pour parler :

— Miss Newcome, je suis obligé d'aller au village pour vaquer aux soins funèbres qui con-
cernent mon pauvre ami. Vous enverrai-je quelqu'un?

— Oh! non! non! non! je ne veux voir personne, si ce n'est mon père : pourrai-je le
voir? demanda-t-elle en regardant le constable.

— Je ne puis rien vous dire là-dessus, jeune
lady; je suis vraiment désolé, de par tous les
diables,... mais il vous sera impossible de voir
votre père avant l'interrogatoire.

— Reviendrai-je vous voir dans l'après-midi?
demanda Allen espérant que, dépourvue d'amis
comme elle l'était, Alice accepterait ses services,
que, du reste, il lui offrait de bon cœur.

— Non! non! sir, répondit-elle avec une nuance
de froideur : j'irai bien toute seule au village.
Mais où faudra-t-il me rendre?

— Plaît-il? fit l'honnête constable toujours
ému; ah! très-bien... il sera dans la maison du
Juge, je pense, car nous n'avons pas encore de
prison à Fairview. J'amènerai mon cabriolet
pour vous prendre en passant: ne vous préoccu-
pez de rien si ce n'est de surmonter votre cha-

grin. Eh !... de par tous les diables !... Je veux
dire, n'ayez pas peur : tout çà tournera peut-être
moins mal que nous ne le pensons.

Sur ce propos consolant, le constable se mit en
route, emmenant avec lui ses deux *assistants* qui
ne le suivaient qu'à regret, car c'était pour eux
un grand crève-cœur de voir Allen rester encore,
et de ne pas assister jusqu'au bout à cette lamentable *représentation*.

— Je tiens beaucoup à vous affirmer, miss
Newcome, dit Allen, que je n'ai nullement manqué à ma promesse de ce matin, ma conduite a
été complétement civile et calme: j'aurais donné
tout au monde afin que cette catastrophe ne
vint pas briser ainsi plusieurs existences précieuses.

— Ah ! pauvre malheureuse que je suis ! Ai-je
à vous remercier pour cela, M. Allen, puisque
ce sera précisément la condamnation de mon
père.

— Souvenez-vous bien d'une chose, pauvre enfant, c'est que le crime de M. Newcome n'est
connu de personne, et qu'il ne résulte d'aucune
preuve juridique. Il vous sera facile de gouver-
ner vos paroles et vos actions en conséquence.

Et maintenant je dois vous quitter afin de me préparer pour l'information qui va avoir lieu. Pendant les courtes heures qui vont précéder cette solennité, pesez et préparez tout ce qui pourra être favorable à votre père.

— Je vous remercie sincèrement de ces généreux conseils, répliqua Alice pendant que le jeune homme s'en allait à grands pas, dans le but de rejoindre le constable.

Miss Newcome n'avait même pas songé à faire quelques questions sur l'événement imputé à son père, tant elle était convaincue que ce dernier méditait depuis longtemps un acte de violence. Dans la droiture de sa conscience elle le reconnaissait coupable, et n'espérait pas son acquittement. Jeune et inexpérimentée, elle ne comprenait pas que son témoignage aurait une importance fatale, bien supérieure à celle de toute autre personne, à l'exception d'un témoin oculaire. Comme elle ignorait les circonstances du meurtre, naturellement elle pouvait, sans altérer la vérité, dire qu'elle ne savait rien : elle pouvait aussi, sans blesser sa conscience, présenter sa déposition sous le jour le plus favorable ; enfin, tout espoir ne lui semblait pas perdu, surtout lorsqu'elle se rappelait les dernières paroles d'Allen.

Ces réflexions rallumèrent dans son âme une lueur de confiance, elle se sentit un peu plus courageuse pour comparaitre devant le tribunal.

Lorsque trois heures de l'après-midi furent arrivées, le logement du Juge, temporairement converti en salle d'audience, fut envahi par la population de Fairview qui s'y étouffait concurremment avec les curieux de tout le voisinage.

Au milieu de la salle, sur une table grossière était étendu le corps du défunt; un chirurgien l'avait examiné, et avait extrait la balle de sa blessure mortelle.

A une extrémité de cette table était le prisonnier; à l'autre, l'accusateur. Un peu en arrière, le Juge siégeait magistralement entre ses deux assesseurs.

Lorsqu'Alice apparût à l'audience, le prévenu eût un tressaillement terrible et il fronça les sourcils d'une façon convulsive : chacun le remarqua.

Après le léger murmure qui avait accueilli l'entrée de la jeune fille, régna un silence profond : les officiers de loi procédaient.

Allen fût le premier entendu : il relata avec une

saisissante énergie tous les épisodes de cette rencontre funeste et de la mort de son ami Edwards. En parlant, il s'anima au point d'oublier totalement Alice et l'intérêt qu'elle lui avait inspiré; il fut écrasant pour l'inculpé.

D'autres personnes vinrent certifier ce qu'elles savaient, concernant les éternelles discussions de Newcome au sujet de la délimitation des Claims, ses colères, ses propos menaçants contre ses jeunes voisins.

Décidément la situation de l'accusé ne devenait pas bonne.

Enfin Alice fût entendue: il passa un frisson dans la foule, lorsqu'on remarqua ses joues pâles et les regards désolés qu'elle adressait à son père. Chose étrange! ce dernier tint constamment ses yeux détournés d'elle; tout le monde l'observa.

La pauvre enfant, d'une voix si faible qu'à peine on pouvait l'entendre, expliqua que son père s'était souvent exprimé avec agitation au sujet des disputes de limites, avait parlé d'arracher les pieux de ses voisins, mais qu'il n'avait jamais manifesté l'intention d'employer une arme à feu contre ses adversaires.

Questionnée sur le caractère et les habitudes de Newcome, elle confessa ingénûment qu'il était *irritable et la rudoyait quelquefois* ; « mais, ajouta-t-elle en élevant la voix avec un peu plus de courage, au milieu de ses plus grandes vivacités *il ne m'a jamais frappée*, d'où je conclus que ses colères n'ont jamais été dangereuses. »

On n'en demanda pas davantage à la jeune fille, mais d'autres questions également importantes et d'un grand intérêt furent débattues. On examina la nature et la direction de la plaie ; on constata que la balle qui en avait été extraite s'adaptait parfaitement au calibre du fusil de Newcome : on constata encore que lorsqu'il avait été arrêté, un canon de son arme était chargé tandis que l'autre venait de faire feu.

Le défenseur de l'inculpé rappela que le premier témoin avait parlé de *deux* coups de feu tirés presque simultanément, et lui posa cette question :

— Le témoin sait-il, ou pour préciser davantage, a-t-il vu qui a tiré ces deux coups ou l'un des deux ?

— Non.

— Le témoin a-t-il remarqué quelque différence dans l'éloignement des deux détonations?

— Maintenant qu'on évoque mes souvenirs à ce sujet, il me semble que j'ai observé une différence de proximité entre eux.

— Est-ce le premier ou le second coup qui a atteint le docteur Edwards?

— Je ne pourrais le dire; j'avais entendu les deux coups lorsqu'il est tombé.

Le défenseur, poursuivant ses investigations, désira connaître la direction prise par l'inculpé lorsqu'il s'était éloigné des deux jeunes gens: puis, par comparaison, voulut savoir en quel endroit se trouvait le meurtrier.

— Je ne pourrais répondre d'une façon précise, répliqua celui-ci : dans l'émotion du premier moment, j'ai seulement constaté que le meurtrier se trouvait dans le bois à côté de nous ; mais je n'ai pas pris garde si c'était à droite ou à gauche.

Le chirurgien découvrit alors le cadavre et démontra, par l'examen de la blessure, que la balle avait dû, pour frapper Edwards, avoir été lancée par un ennemi placé à sa gauche, et que le meurtrier devait être posté dans un terrain plus bas que celui où se trouvait la victime.

Au moment où le corps fut dévoilé, l'assistance

éprouva une sensation poignante: seul, le prisonnier ne sourcilla pas, ne manifesta aucune émotion : il laissa même voir un certain intérêt à suivre les intelligentes démonstrations du chirurgien. Cette froide impassibilité n'échappa à personne, et fut l'objet de maint commentaire.

L'enquête terminée, le Juge décida que le prévenu serait soumis à une autre information, et qu'il devrait être déféré aux assises du Grand-Jury.

La foule qui, semblable à un énorme serpent, ondulait du dehors à l'intérieur de la salle, ne se montra pas satisfaite d'une sentence qui, en temporisant, contrariait ses idées de justice expéditive. On commença à murmurer ; puis on cria qu'il fallait « en finir avec le vieux scélérat! » « le pendre » ... « le jeter dans le Missouri... » Enfin les cris se changèrent en hurlements, et le moment arriva où les choses prirent une tournure inquiétante.

Newcome ne s'émut pas davantage de ces démonstrations menaçantes, qu'il ne s'était inquiété de l'enquête : il resta froid, calme, dédaigneux.

Pendant un moment de silence obtenu à grand-peine, le Juge lui demanda s'il avait quelque chose à répondre pour sa défense :

— Je n'ai pas tué Edwards, répondit-il d'une voix assurée : il y avait, avant moi, un autre individu dans la forêt.

Le tumulte recommença : le shériff, le constable et plusieurs agents entourèrent le prisonnier ; le Juge fit sommation à la foule de se retirer paisiblement ; il ajouta, pour la décider, que la loi et la justice ne failliraient point à leur mission ; que le coupable serait puni ; que les citoyens raisonnables se feraient reconnaître à leur modération..... Il ajouta mille choses auxquelles le public ne prêta l'oreille qu'en murmurant et en grondant toujours.

Enfin, peu à peu la salle fut évacuée : mais alors se passa une scène déchirante. La pauvre malheureuse Alice, dont la déposition avait été si défavorable à son père, l'attendait, toute sanglottante, pour obtenir de lui un mot de pardon, avant que les portes solitaires du cachot se refermassent sur lui.

Se traînant à genoux sur le seuil de la porte, elle abaissa sa tête dans ses mains, et se répandit en plaintes désespérées.

4

— Oh! mon père! pourquoi ne suis-je pas
morte avant de faire cette malheureuse déposition? Si l'on vous condamne, que je sois condamnée aussi! qu'on me tue avec vous!... Sera-
t-elle assez misérable, ma triste vie, sans père ni
mère! oh ciel! malheureuse!... malheureuse que
je suis!

Newcome la regardait d'un air rancuneux,
sans manifester la moindre émotion :

— Oui! grommela-t-il sourdement, qu'elle crie,
qu'elle se lamente, celle qui a tout fait pour se
débarrasser de son père! mais elle ne recevra
pas miséricorde de celui pour lequel elle n'a eu
aucune pitié! — Enfin, elle me fatigue cette fille,
avec ses doléances; allons-nous en d'ici!

A ces mots, il se leva et sortit avec ses gardiens
en écartant du pied la malheureuse enfant.

Cette cruauté dénaturée faillit occasionner un
mauvais parti à l'inculpé; la foule fut sur le point
de faire un retour agressif, et nul n'aurait pu
prévoir l'issue des choses, si on ne se fut hâté de
faire disparaître l'intraitable Newcome. Dans
tous les cas, sa conduite confirma dans tous les
esprits la certitude de sa culpabilité.

Heureusement pour Alice, les assistants ne

possédaient pas tous la même dureté de cœur.
La femme du constable se sentit touchée de compassion et lui offrit asile et protection :

— Pauvre petite créature du bon Dieu! murmura-t-elle, en s'essuyant les yeux avec un immense mouchoir de cotonnade jaune, tout barbouillé de tabac; elle ne sera pas orpheline de père et de mère, non! je serai sa mère, et mon mari la traitera comme un fille.

— Oui!... de par tous les diables!... je veux dire, n'ayez pas peur! ajouta en forme de conclusion l'honnête constable; oui, miss; elle a bien parlée ma femme, mistress Wyman. Oui! de par tous les diables!... Je veux dire;... quel endurci coquin! bon à pendre!

Ces discours, pleins de bonnes intentions, furent suivis d'effets immédiats; la jeune abandonnée fut aussitôt reçue, soignée, choyée tendrement chez ces braves gens au cœur d'or sous une enveloppe rustique et inculte.

Depuis ce jour mémorable mistress Hypurlock, femme de Silas Wyman, conquit un rang élevé dans l'estime et la considération du village et conserva, jusqu'à sa mort, une notable influence.

CHAPITRE V.

UN REVENANT

Le même soir, l'un des joyeux membres du *quatuor*, actuellement réduit au *trio*, Flag le géomètre, revenait au gîte, harrassé de fatigue, devançant un peu l'heure habituelle du repas.

Il se rencontra inopinément avec Ed, le camarade mystifié; ce dernier était monté sur un poney, et cheminait tout doucement dans l'ombre du sentier.

— Ohé! c'est vous, Ed?... comment ça va-t-il, maintenant?

— Çà ne vous regarde pas, répliqua Ed brutalement.

— Allons, allons! venez par ici, mon vieux; allez-vous faire une affaire d'une plaisanterie?...

Souvenez-vous de ce que dit la Bible : « Ne lais-
« sez pas coucher le soleil sur votre colère... »
Or, le soleil est couché ; donnez-moi donc une
poignée de main, de bonne amitié, mon cher ;
oublions tout çà, jusqu'à ce que vous puissiez me
rendre la pareille.

— Peuh ! ne prenez donc pas la peine d'être
sentimental, maître Flag ! Je suppose que j'ai
bien le droit d'être de l'humeur qui me plaît,
sans que vous n'ayez rien à y voir. Quant à prendre une revanche, soyez sûr que je n'y manquerai
pas, à l'occasion ; alors il sera temps d'échanger
des poignées de main.

— Tout à votre aise, cher ! répondit Flag d'un
ton de bonne humeur ; et j'espère que ce ne sera
pas long. Où vous êtes-vous procuré ce poney ?

— Je l'ai acheté.

— Eh ! il n'a pas mauvaise tournure : un bon
et joli petit bidet. Combien l'avez-vous payé ?

— J'ai donné mon fusil en échange à un
Omaha.

— Avez-vous fait chasse aujourd'hui ?

— Non : il m'a pris idée d'aller voir un claim
sur la Platte ; c'est là que j'ai vu cet animal et que
j'ai été tenté d'en faire l'acquisition.

4.

— J'espère que Doc a préparé le souper, dit
Flag lorsqu'ils furent en vue de la maison ; cependant je n'aperçois aucune lumière, pas de
feu, et partant pas de souper. Cela tombe mal,
car j'ai un appétit de loup enragé.

Flag entra et se débarrassa de son attirail de
voyage ; Ed resta au dehors pour prendre soin du
poney.

— Je ne puis concevoir ce que Doc et Squire
peuvent faire si tard dehors, ce soir, s'écria
Flag ; j'ai idée d'aller au village chercher de
quoi souper : qu'en dites-vous ; allons-nous ensemble ?

Ed se tenait droit comme un poteau, dans un
état de distraction si profonde qu'il tressaillit
lorsque son camarade s'approcha de lui.

— Je n'ai pas faim, répondit-il, mais je suis
horriblement las. Je vais rester ici et me coucher.

— Très-bien ! je vous souhaite une bonne nuit,
sournois, paresseux !

Et Flag s'éloigna, moitié riant, moitié irrité de
l'humeur farouche manifestée par Ed.

Il était près de minuit lorsque Flag revint
accompagné d'Allen et de quelques habitants de
Fairview qui s'étaient offerts pour transporter le

corps d'Edwards. La nuit était splendide, tiède, lumineuse. Les événements de la terre, qui nous agitent si fort, ont bien peu d'échos dans la nature.

Tout en marchant vers la maison, les jeunes gens entretenaient une conversation active sur les événements de la journée, et leur imagination surexcitée passait en revue mille circonstances relatives à leur ami défunt.

Toutes ces réminiscences agitées avaient complétement chassé le sommeil de leurs paupières, aussi lorsque, restés seuls, ils se couchèrent enfin, ce ne fut nullement pour fermer les yeux, mais pour reposer leurs membres fatigués : ils continuèrent leur conversation.

— Nous devrions éveiller Ed, je suppose, proposa Flag, et lui apprendre cet événement.

— Oh non ! pas cette nuit, répliqua Squire avec accablement ; j'ai eu assez d'émotions aujourd'hui ; il n'y a aucune nécessité de le priver de son sommeil, puisqu'il peut dormir.

— J'ai beaucoup entendu parler de la fille de Newcome dans le village : d'après ce qu'on en dit, elle paraît être une fille bien remarquable

— Si vous voulez dire par là qu'elle est intelli-

gente et jolie dans des conditions bien supé-
rieures à sa position de famille, vous avez raison.
J'ajouterai même qu'elle est tout à fait gentille
et dévouée à son père plus qu'il ne le mérite : ses
manières distinguées, son instruction, tout m'é-
tonne en elle ; je ne puis comprendre où elle a
pris tout cela.

— C'est bien ce que l'on dit dans Fairview. Il
paraît que la femme du Juge serait très-bien
portée pour elle, et qu'elle est extrêmement con-
trariée de voir que la femme du constable s'en
soit emparée.

— Eh bien ! à mon avis, elle est tombée en très-
bonnes mains : elle en avait besoin, la pauvre in-
fortunée, car le malheur l'a brisée. Je l'ai aperçue, ce matin, avant notre funeste rencontre avec
son père ; elle était rose, souriante, délicieuse à
voir. Maintenant toutes ces secousses l'ont bien
changée ; on dirait une ombre éplorée.

— Tout le monde s'accorde à dire que son père
s'est conduit envers elle comme un affreux gueux,
comme un gredin sans cœur. Croyez-vous qu'il
puisse y avoir quelque doute relativement à celui
qu'on accuse d'avoir fusillé notre pauvre Doc ?
J'ai entendu quelqu'un raconter que tout cela

n'était pas entièrement clair, malgré les preuves accablantes qui s'élèvent contre Newcome.

— Oh! tout ce qui n'est pas matériellement prouvé peut être l'objet d'un doute ; quant à moi, si quelques esprits hésitent encore, je demanderai alors ce qu'il faut pour établir une conviction. Car enfin, Doc n'avait pas un ennemi dans le monde entier, que je sache : il était si généreux avec les hommes, si courtois avec les femmes, que je lui ai si souvent envié ce pouvoir d'attraction avec lequel il influençait tout ce qui l'approchait. Cette fatale querelle de claim est la seule discussion à laquelle je l'ai vu prendre part.

— Oui, et ce qui rend la chose pire, c'est qu'il a été tué méchamment dans cette affaire. Cependant, si, comme on le prétend, un autre coup de feu avait été tiré ?...

— Eh bien ! dans ce cas, comment admettriez-vous qu'il existât un scélérat assez vil pour se cacher en pareille circonstance et laisser peser sur un innocent une charge aussi terrible ? J'avoue que cela ne m'entre pas dans l'esprit ; et si Newcome ne trouve, pour sa défense, rien de mieux que cette supposition, il sera immanquablement condamné !

Les deux jeunes gens restèrent pendant quelques instants silencieux; plongés dans de pénibles réflexions. Il n'y avait pas de lumière dans la chambre : la clarté extérieure de la lune, filtrant au travers des volets sans rideaux, éclairait assez néanmoins pour qu'on pût distinguer les objets.

Et même, Flag se souvint plus tard, que jamais cette espèce de crépuscule n'avait répandu plus de clarté dans la maison; tellement que les moindres détails de l'ameublement étaient très-visibles.

Pendant qu'ils étaient ainsi tous deux muets, promenant leurs regards tout autour d'eux, une ombre passant devant la fente d'un volet, intercepta momentanément les rayons de la lune.

Mais ils ne distinguèrent pas le moindre bruit. Pourtant ils regardèrent aussitôt vers la porte qui s'ouvrit au bout d'une seconde, dans le plus profond silence; et ils aperçurent la figure bien connue de leur ami défunt, qui s'approchait de leur lit.

Là, le fantôme s'arrêta, ouvrit son vêtement, posa le doigt sur sa blessure, pendant que sa tête vacillante, éclairée par la lune, avait une expres-

sion d'agonie terrible à voir. Il se détourna ensuite, toujours silencieux, désigna Ed qui dormait
profondément, et disparut lentement comme une
vapeur qui se dissipe.

Les deux jeunes gens furent tellement pétrifiés
d'horreur et de saisissement, qu'ils restèrent pendant quelques secondes sans rien dire, sans faire
un mouvement.

Squire, le premier, reprit un peu de sang-froid
et murmura :

— Avez-vous vu, Flag ?...

— Que me demandez-vous ? répliqua l'autre en
frissonnant ; vous avez donc vu ?...

— J'ai vu Doc debout à côté de notre lit.

— Moi aussi..... serait-ce un tour de M. Ed ? Il
me fait l'effet de dormir d'un sommeil étrange ;
nos allées et venues, le bruit de nos voix, rien ne
l'a éveillé : çà me parait louche.

— Bah ! il ne sait rien. Levons-nous, allons
voir dehors.

Ils sautèrent à bas de leurs lits, ouvrirent la
porte, et jetèrent un regard investigateur sur les
environs. La clairière était entièrement éclairée,
sans aucun point obscur où une créature quel-
conque eût pu se cacher : elle était silencieuse et

déserte ; le petit poney indien acheté par Ed broutait paisiblement l'herbe humide de rosée ; nul être vivant ou remuant n'apparaissait.

— C'est vraiment étrange ! murmura Squire debout sur le seuil de la porte, après avoir avidement regardé de tous côtés et s'être convaincu que les alentours étaient dans une solitude absolue.

— Attention ! dit Flag ; voici Ed qui s'éveille.

— Qu'y a-t-il donc ? demanda ce dernier, au moment où ils se retournèrent vers lui ; Où est Doc ? Est-ce qu'il lui est arrivé quelque chose ? Pourquoi êtes-vous hors du lit ?

— Pourquoi me demandez-vous s'il est arrivé quelque chose à Doc ? demanda Squire, en imposant, par un signe, silence à Flag.

— Je viens de rêver. — Doc ne s'est pas couché. Pourquoi donc ne me donnez-vous aucune explication ? Mais parlez donc ! dit-il en se levant sur son coude.

— Ah ! la chose est très-sérieuse, Ed.

— Doc a reçu un coup de feu ! s'écria l'autre en sautant précipitamment à bas du lit.

— Oui, il a été atteint d'un coup de fusil. Mais, comment le saviez-vous ?

— Ah ! c'est mon rêve ! Et il est mort ?

— Oui, mort : il a été tué deux heures après votre départ.

Une exclamation de douleur échappa au jeune homme, qui, à moitié vêtu, se mit à arpenter la chambre d'un pas agité.

— Mais, au nom du ciel ! pourquoi ne m'avez-vous pas parlé plus tôt de ça ? Dites-moi comment c'est arrivé.

Après avoir raconté la scène sanglante qui avait occasionné la mort de Doc, Squire pria Ed de lui expliquer son rêve.

— J'ai rêvé !... dit l'autre en marchant plus vite encore, de long en large ; j'ai rêvé que je voyais le docteur entrer dans la chambre, vous montrer sa blessure, en lançant des regards effrayants !... oui, effrayants !

— A-t-il fait quelque autre signe, avant ou après le geste qui indiquait sa blessure ?

— Non ; pourquoi cette question ?

— Uniquement pour savoir jusqu'où était allée l'identité entre ce que vous avez *vu en dormant*, et ce que j'ai *vu éveillé* ; car, moi aussi, j'ai vu le docteur entrer et montrer sa blessure. Est-ce également ce que vous avez vu, Flag ?

5

— Exactement !

— Grand Dieu! murmura Ed, c'est fort étrange!

Squire raconta encore une fois tous les inci-
dents de ce drame, à Ed qui, graduellement, re-
devint calme et finit par ne plus manifester que
son indifférence habituelle.

Enfin ils revinrent tous trois à leurs lits, dans
l'espoir d'y trouver un peu de repos ; mais le jour
les trouva éveillés comme au premier moment ;
rien n'avait pu les arracher à leurs sombres et
pénibles pensées.

CHAPITRE VI

LE JUGE LYNCH

Les funérailles du docteur Edwards furent célé-
brées avec une certaine pompe ; lorsque son corps
eût été confié à la terre de cette prairie, vierge
de sépultures, la foule regagna lentement le village, impressionnée de ce spectacle toujours
émouvant,—l'ensevelissement d'un jeune homme,
d'un étranger, dans la terre étrangère ; — mais
l'exaspération publique contre le meurtrier ne
s'était nullement calmée.

Dans la grande *log-tavern* (taverne en troncs
d'arbres rustiques) de Fairview il y avait une
grande émotion et meeting en permanence. On
avait beaucoup à causer, par-dessus tout, avec
les jeunes gens qui avaient conduit le deuil de

leur ami : à leur entrée dans cet illustre établissement, ils furent entourés de tout ce qui formait
la partie importante de la population : dans ce
nombre étaient les habitants des villages voisins ;
il y avait même des voyageurs que le bruit de cet
événement avait retenus dans la localité.

Ordinairement dans ces contrées aventureuses,
on ne fait aucune attention à un nouveau venu
— le nouveau-venu est le pain quotidien du désert ; — on se borne à l'endoctriner autant que
possible pour lui vendre quelque coin de ces
Terres d'or, quelque claim auquel on attribue un
mérite fabuleux : on cherche à voir s'il a *l'œil
américain*, à le sonder, pour mieux le perforer
ensuite dans les affaires.

Mais, en cette solennelle circonstance, l'esprit
de spéculation s'était assoupi, tous les instincts
rapaces ou autres avaient disparu devant la gran-
dissime *attraction* du jour. Un gentlemen superbe
d'aspect, entre deux âges, soutint longtemps la
conversation et fournit, sans respirer, une dis-
sertation prodigieuse sur *la tragique affaire*. On
l'écouta tant qu'il voulut parler ; jamais orateur
ne fut moins interrompu.

— Je n'ai jamais vu des hommes plus affligés

que deux de ces jeunes gens, remarqua un des assistants; la perte d'un frère ne leur aurait pas causé plus de chagrin.

— Oui, répondit un autre, ce sont deux beaux et bons garçons. L'un d'eux est un Légiste, fils du vieux juge Allen de l'Ohio; — j'en viens aussi, moi, de ce pays-là; — l'autre est un arpenteur du Michigan; je ne me rappelle plus son nom, car ils ont eu la bizarre idée de l'appeler *Flag*, entre eux... tout comme je vous le dis. Je ne connais guère le troisième; il a un air qui ne me convient pas parfaitement.

— Eh bien! ni à moi non plus. Il m'a fait l'effet de ne pas répandre une seule larme de bon cœur... c'était tout pleurs de crocodile, à mon avis. Et puis, avez-vous remarqué la façon dont il regardait les spectateurs par-dessous son chapeau? Et son mouchoir?... on aurait dit qu'il allait s'en servir pour jouer à colin-maillard. Sans mentir! il ne me donne pas dans l'œil : je m'étonne qu'Allen soit tellement lié avec lui.

— C'est vrai : des gens comme ça ne devraient pas être reçus partout sans examen, observa sentencieusement un assistant, qui peut-être, tout le premier, aurait été sujet à l'examen.

— Indubitablement! Moi, je dis que le meilleur de tous était celui qui vient d'aller *ad patres*. Il aimait à rire et aussi à être sérieux ; il était encore meilleure tête qu'Allen, courageux, et farceur dans l'occasion : un vrai luron, quoi!

— Oui, oui, oui!... Ah! je trouve que nous avons mal fait de ne pas mettre la main sur ce vieux sorcier de Newcome, pour le suspendre tout droit entre ciel et terre. Il n'y a pas d'autre système à employer vis à vis de pareils coquins!

— Fusiller comme ça un homme, de sang-froid! que c'est lâche!

— Écoutez! ça se serait bien passé ainsi, mais on a eu pitié de sa fille. Chacun en avait le cœur gros; vraiment elle est bien malheureuse, cette pauvre enfant!

— Son père a été comme une brute féroce pour le malheureux docteur : vous savez qu'il était fiancé à une jeune fille du district des Lacs. Le maître de poste a dit qu'il a reçu avant-hier une lettre d'elle, pour lui : pensez un peu à l'impression qu'elle éprouvera en apprenant que le docteur est mort, mort assassiné!

Il est certain que si elle voit Newcome du même œil que nous, — et à mon avis ce serait passa-

blement naturel, — le vieux scélérat ne doit pas
compter sur son amitié. Mais bah ! quand un
homme est assez désespéré pour en tuer un autre,
il ne s'arrête pas à une bagatelle d'amitié.

— On dit que la fille de Newcome est au désespoir d'avoir rendu témoignage contre son père :
elle a pleuré à grands cris toute la nuit dernière,
lui demandant pardon... Ah ! Messieurs, je vous
le demande, ce vieil endurci ne mérite-t-il pas
d'être pendu, rien que pour sa dureté envers cette
aimable enfant?

— Oui, mais quand sa désagréable carcasse
prendra l'air entre ciel et terre, que deviendra
l'intéressante orpheline ? Je parie qu'elle ne connaît pas une âme dans tout le district : et puis
elle est si jeune ! guère plus de quinze ans, je
suppose, — et si découragée !

— Sa beauté lui servira de dot ; observa un galant discoureur.

— Ah ! oui, parlez-en ! voilà une fameuse richesse.... un beau visage, et rien pour le soigner!

— Ceci est un fait. Cependant je me rappelle
avoir entendu le vieux Malicorne parler, avec une
ardeur rutilante, de la jeune fille et de sa beauté :
c'était justement la veille du meurtre. Ma foi,

il avait l'air d'un homme prêt à faire des folies
pour elle. Cependant il y aurait danger pour lui
à essayer ce mariage, car sa squaw Indienne,
qui est jalouse comme une panthère, le criblerait
tout net de coups de tomahawk: au surplus, il
n'est pas sûr qu'il soit disposé à épouser la fille
d'un assassin.

— Et moi, je dis qu'elle est en bonnes mains :
la femme de Wyman s'en est chargée de bien bon
cœur ; Wyman lui-même ferait les choses gran-
dement pour elle, s'il n'était pas si pauvre ; car
il lui porte un véritable intérêt. Pour un constable, il a l'âme sensible.

— Là, là ! De par tous les diables ! il n'est pas
si pauvre qu'il n'ait du pain assez pour une
bouche de plus, dit le constable lui-même,
faisant tout à coup apparition : personne,
mes gentlemen, ne sait ce que l'avenir tient
en réserve ; et, par exemple, pouvons - nous
dire si elle perdra, ou non, son père... Enfin,
quoiqu'il arrive, je lui donnerai tous mes soins,
elle sera l'enfant de la maison, tant qu'elle voudra
y rester: ma femme l'a dit. Et maintenant,
croyez-moi, il est inutile de lui prophétiser malheur, ou d'augurer mal de sa jolie figure.

— Hurrah pour Wyman ! crièrent plusieurs voix.

Mais le brave constable n'était pas venu pour recevoir des applaudissements ou pour prendre part aux bavardages; il n'avait eu d'autre intention que de surveiller un peu ce qui se passait en ce fameux meeting ; aussi allait-il se retirer tout doucement, comme il était arrivé, lorsqu'un étranger qui venait de se glisser dans la salle, le prit par le bras, en homme qui a besoin d'un renseignement.

— Pardonnez-moi, sir, lui dit-il, si je me permets de vous adresser une question : j'aurais besoin de quelques renseignements relatifs à un individu appelé Thomas Newcome: le connaissez-vous ?

— Oui, sir, je connais un homme de ce nom.

— Pourriez-vous me faire connaître sa nationalité ?

— On le considère comme Anglais, quoiqu'il soit, je pense, du Connecticut.

— Des environs d'Hartford, n'est-ce pas ?

— Oui, c'est bien cela, j'imagine.

— Et, il a une fille. — Comment la nomme-t-on ?

— Alice.

5,

— Où est cet homme — ce Thomas Newcome ?

— Pour le moment, il est prisonnier dans la maison du shériff, parce que nous n'avons pas encore de prison bâtie dans le village. Hier, un homme a été tué d'un coup de fusil, on suppose que Newcome est l'auteur de ce meurtre. Je ne puis vous dire ce qu'il y a de vrai ; je lui souhaite d'être innocent.

— Ah ! et sa fille, qu'est-elle devenue ?

— Elle est chez moi.

— Pourrais-je la voir ?

— Je ne saurais vous dire : êtes-vous de sa connaissance ?

— Hum !... j'ai... je lui porte beaucoup d'intérêt ; ce que j'ai à lui dire peut être fort important pour elle. En tout cas, il faut que je la voie personnellement.

— Mais, sir, je crois qu'elle ne voudra pas vous recevoir, fussiez-vous son meilleur ami ; elle a la tête perdue de cette affaire si grave pour son père.

— Je ne veux autre chose que la voir ; je ne lui dirai rien, je ne la troublerai en aucune façon. Je veux seulement constater une question d'identité.

— Très-bien ! je ne vois rien à objecter, en ce
qui me concerne. Vous pouvez venir à la maison
avec moi, si, comme vous venez de le dire, il y a
utilité pour elle.

— J'ai dit, peut-être, je désire, précisément, ac-
quérir une certitude.

La maison du constable n'était pas éloignée ; en
trois minutes ils furent arrivés. Le constable
expliqua à sa femme les prétentions du mystérieux étranger.

— Miséricorde ! elle n'est plus reconnaissable,
répondit la ménagère en se dirigeant vers une
petite chambre proprette au premier étage ; le
médecin lui a fait couper hier ses beaux cheveux;
c'était pitié de voir mettre les ciseaux dans ces
charmantes boucles si soyeuses. Ah ! mon Dieu !
qu'elle est changée, la pauvre enfant! elle fait
peur.

Alice était au lit, dévorée par une fièvre ar-
dente : ses traits, empreints de la gracilité naturelle à la jeunesse, étaient pâles, amaigris, et
semblaient plus grêles, plus diaphanes encore à
cause de l'absence de sa chevelure. Un souffle —
le souffle du malheur,— avait flétri la fleur juvénile de sa beauté.

L'étranger la considéra longtemps en silence, et demanda ensuite, en posant le doigt sur des cheveux épars dans une corbeille.

— C'est là sa chevelure ?

— Oui : répondit mistress Wyman ; j'ai voulu les conserver jusqu'à ce que les autres soient revenus. Ça fait pitié, vraiment !

L'étranger tira de son sein une petite miniature sur ivoire, la présenta à mistress Wyman, en lui demandant si, étant en bonne santé, Alice avait quelque ressemblance avec ce portrait.

— Mon doux Seigneur ! s'écria la bonne femme avec admiration ; peut-il avoir existé une créature aussi jolie que ça ? Mon Dieu ! c'est tout comme une peinture inventée ! Je ne comprends pas qu'il y ait eu quelque part, beauté semblable ! C'est encore plus charmant que la pauvre chère enfant ; je ne l'aurais pas cru possible.

— Ainsi donc, reprit l'étranger, vous trouvez que miss Newcome ressemble à ce portrait ?

— Oh ! oui, énormément ! ce sont les mêmes yeux si doux ; les mêmes cheveux dorés ; le même sourire d'ange ; Alice, seulement, a la bouche moins parfaite, et le visage moins fier.

A ce moment, la jeune fille s'agita fièvreuse-

ment dans son lit, et murmura le cri sans cesse
répété dans son délire. « Oh ! mon père ! pitié !
pitié pour votre enfant ! »

— Vous voyez son état ; dit mistress Wyman ;
elle ne dit pas autre chose, depuis sa déposition devant la justice. La dureté de son père la tuera,
elle aussi.

— Peut-être avons-nous troublé son repos, répondit l'étranger en sortant de la chambre : puis,
il plaça une bourse dans la main de mistress Wyman et ajouta : — Voici une somme assez importante que je vous prie d'employer à ses besoins·
Ne la laissez manquer de rien, procurez-lui tout
le confort possible.

— Mais, sir, répliqua mistress Wyman précipitamment et d'un ton offensé, nous n'avons pas
besoin d'être aidés, ni secourus, pour avoir soin
d'elle : notre intention est de la traiter comme
notre enfant.

— Je le sais, et je m'aperçois que vous avez
déjà commencé à exécuter vos bonnes intentions.
Néanmoins ne refusez pas : l'argent est toujours
d'une grande utilité, miss Newcome peut en avoir
besoin : d'ailleurs, c'est à elle que je donne et
non à vous.

— Wyman m'a dit que vous aviez à lui communiquer une nouvelle peut-être avantageuse. Voulez-vous revenir auprès d'elle pour lui parler ; ou bien préférez-vous nous charger de lui rapporter votre explication lorsqu'elle sera mieux portante?

— Non, je n'ai rien à lui communiquer ; ne lui dites rien. Je peux attendre, elle aussi.

Sur ce propos, l'étranger prit congé du constable et de sa femme puis il revint à la log-tavern qui était la seule hôtellerie logeable du pays.

Pendant la dernière heure écoulée, cet établissement important avait vu affluer dans son enceinte une foule hétéroclite qui s'attribuait le nom magnanime de « peuple » du territoire. Cette sage et tumultueuse assemblée avait décidé à l'unanimité qu'on ne pouvait abandonner aux incertitudes de la justice territoriale un coquin aussi vil que l'assassin du *docteur Edwards*. Malgré ses fers, il trouverait indubitablement le moyen de s'échapper, car la maison du shériff n'était pas une prison sérieuse. En peu de jours il arriverait sans peine à se débarrasser de ses chaînes ; d'autant mieux que le prisonnier était accessible à quiconque voulait l'approcher.

Il importait au salut de la société de ne pas même
courir le risque d'une évasion aussi dangereuse.
Le prévenu avait parfaitement trahi sa brutalité
dans la façon dont il avait traité sa fille... Il l'aurait tuée, s'il l'avait pû ! Et peut-être... s'il par-
venait à s'évader, commettrait-il ce second crime
plus atroce encore !!

Tous ces raisonnements et beaucoup d'autres
semblables amenèrent l'honorable assemblée à
conclure qu'il serait éminemment opportun d'ap-
pliquer la *loi de Lynch*. Plus on discutait, plus on
s'échauffait ; enfin on tomba dans une sorte d'i-
vresse furieuse ; les cris, les vociférations s'en-
suivirent ; le tumulte devint féroce. Vainement
quelques assistants plus calmes essayèrent d'arrêter l'élan sanguinaire, on faillit leur faire un
mauvais parti. Bientôt la conflagration des esprits fit explosion comme un volcan ; toute cette
foule hurlante, altérée de sang, courût comme un
seul homme à la maison du shériff.

Cet honnête magistrat, le constable, tout le
personnel de la justice, se groupèrent pour recevoir les furieux et défendre le prisonnier jusqu'au
dernier souffle. Mais les *Lynchers* ne parûrent
même pas s'apercevoir de ce frêle rempart ; on

culbuta les braves défenseurs de la loi, on força
les portes, on délia le prisonnier et on l'emmena
triomphalement au lieu choisi pour l'exécution.

Après s'être formés en bataillon carré, ils pla-
cèrent leur victime au milieu, puis ils la forcèrent
à suivre la marche. C'était un spectacle étrange
de voir le misérable, pâle, hagard, défait, suivant
le terrible cortége d'un pas ferme, sans se montrer effrayé du sort affreux qu'on lui préparait.
En réponse aux injures et aux exécrations dont il
était l'objet, il lançait à ses bourreaux des regards
de défi et de haine, mais il ne prononçait pas une
parole.

Le cortége ne tarda pas à arriver dans une petite vallée encaissée profondément entre deux
collines ; là, un arbre et une corde avaient été
préparés ; au milieu d'un profond et redoutable
silence les funèbres préparatifs furent accomplis,
le nœud coulant fut passé au cou du patient, et
on allait le lancer dans l'éternité lorsque Allen
survint, hors d'haleine, et s'interposa entre Newcome et les Lynchers.

Sa subite apparition et son allure effarée firent
impression dans la foule : pendant quelques ins-

tants l'attention se porta sur lui, on écouta curieusement ce qu'il avait à dire.

Dès qu'il eût repris sa respiration d'une manière suffisante pour se faire entendre, il leur
adressa le speech suivant avec toute l'énergie dont
il était capable.

— Hommes de Fairview, écoutez-moi attentivement! Il s'agit d'une chose extrêmement sérieuse; vous êtes sur le point de commettre la
plus énorme erreur!... peut être un crime! car
enfin, il n'est pas sûr que cet homme soit le vrai
coupable.

— Oh! oh! que dites-vous là? s'écria la foule;
la preuve!... la preuve!... N'y a-t-il pas eu mort
d'homme?

— J'en conviens, reprit Allen; oui, un homme,
mon ami, a été lâchement assassiné d'un coup
de feu...

— Vous le voyez! il en convient! hurla la
foule; mort à l'assassin! tirez la corde!

— Arrêtez! mes amis, écoutez-moi! Thomas
Newcome est suspect, je le reconnais d'autant
mieux que je l'ai accusé moi-même, le premier.
Voyons, répondez, pouvez-vous douter de moi,
qui suis l'accusateur?

— C'est vrai... murmurèrent les moins exaltés.

Allen puisa un nouveau courage dans cette ombre d'assentiment qu'il venait d'obtenir.

— Donc, si je vous parle de modération, il faut que j'aie des raisons extraordinairement sérieuses...

— Alors, dites-les, vos raisons ! et soyez bref, crièrent les plus acharnés Lynchers.

— D'abord, continua Allen, il est reçu qu'un homme, même accusé, est toujours considéré comme innocent, jusqu'à ce que son crime soit prouvé d'une manière incontestable.

— Propos d'avocat, tout cela ! cria une voix rude ; le juge Lynch n'a pas besoin de discours, il lui faut des faits...

— Oui ! oui !! gronda la foule comme un sinistre écho ; des faits, ou la mort !

Allen sentit son courage chanceler, les chances favorables diminuaient.

— Cependant, Gentlemen, reprit-il en enflant sa voix, ai-je, oui ou non, porté contre Thomas Newcome une accusation terrible?... ai-je, oui ou non, fait comparaître la propre fille de l'accusé, pour qu'elle rappelât les menaces de son père contre moi et contre le malheureux docteur?...

— Eh bien! vociféra-t-on, voilà des preuves convaincantes; celui qui menaçait a exécuté ses menaces, c'est lui qui est l'assassin!

— Hommes de Fairview! continua Allen; une chose que vous ignorez, je vais vous l'apprendre; c'est que dans la forêt il y avait certainement un autre homme, un ennemi, en même temps que Newcome. Deux coups de feu ont été tirés; lequel a été le coup mortel?... que celui-là qui pourra le dire se présente et fasse connaître la vérité! qu'il vienne déposer sous la foi sacrée du serment! qu'il dirige un doigt accusateur contre l'inconnu ou contre Newcome, et qu'il dise : « mon choix est fait, voilà le vrai coupable! » Mais aussi, que le sang innocent retombe sur sa tête s'il se trompe!

Il y eut un murmure annonçant l'indécision dans la foule: le jeune orateur avait tout gagné en gagnant du temps.

— Écoutez! écoutez! crièrent plusieurs voix.

— Il ne me reste plus que quelques mots à dire: vous n'avez songé qu'au crime, vous avez oublié les victimes. Cette jeune fille, malheureuse enfant aujourd'hui brisée par la douleur, vous allez la rendre orpheline, sans considérer si le coup

sous lequel tombera son père ne la tuera pas
aussi. Hommes de Fairview ! ne craignez-vous
pas les nuits sans sommeil, et les rêves fièvreux
pendant lesquels vous apparaîtront les ombres
vengeresses de deux innocents immolés par vos
féroces caprices ?... Lequel d'entre vous voudrait
qu'on agit envers lui, comme vous agissez en
vers Newcome?... Retenez bien mes paroles ; moi
l'accusateur, moi le premier instigateur de cette
affaire, moi presque l'ennemi de Newcome, je
vous déclare que je le crois innocent. — Et maintenant, pour venger un assassinat, assassinez à
votre tour, si vous voulez ; ce sera un compte à
régler entre vous et Dieu

Lorsque Allen eut fini de parler, il s'aperçut
avec surprise que la solitude s'était faite autour
de lui, le chœur des Lynchers s'était successivement amoindri ; l'accusé restait seul avec quelques personnes sages et prudentes qui ne voulaient ni le Lyncher ni le laisser échapper.

Ce dernier n'en pouvait croire ses oreilles, et
attachait sur le jeune homme des regards stupé
faits : néanmoins il resta muet, et se laissa ramener en prison sans avoir prononcé une parole.

L'orateur pût être fier du succès de sa harangue; il avait obtenu un vrai triomphe, et les éloges ne lui furent pas épargnés. L'étranger que nous avons vu s'intéresser à Alice, et qui avait été l'impassible témoin de toute cette scène, ne pût s'empêcher d'adresser à Allen un signe de satisfaction qu'il accompagna de quelques mots flatteurs.

— Vous pouvez vous flatter d'avoir débuté par une victoire, Squire, s'écria à son tour Ed en fixant sur Allen un regard scrutateur.

— Et tout ira de mieux en mieux, si l'on écoute mes avis, répliqua Allen en accompagnant sa réponse d'un coup d'œil aigu comme la pointe d'une épée.

— Vous avez l'air de tenir singulièrement à jeter sur quelque autre le crime de Newcome.

— Je tiens, et tiendrai toujours à ce que *la vraie justice* soit faite, Ed ; voilà tout !

— Et même, je suppose que vous seriez disposé à exciter les soupçons contre quelque autre, dans le but de sauver le vieux Newcome. Par ma foi, mon honorable camarade, vous manifestez un étrange intérêt pour l'homme qui, dans votre opinion intime, est le meurtrier de notre ami.

— Comment savez-vous si bien ma pensée? demanda Allen avec vivacité.

— Je vous ai entendu parler avec Flag.

— Ah ! je croyais *que vous rêviez,* alors : dit sérieusement Allen.

Ed poussa un éclat de rire bref et étrange; mais il détourna les yeux sans répondre et reprit le chemin du claim en grommelant qu'il avait à se trouver à un rendez-vous.

Le lendemain matin, Ed annonçait que d'importantes affaires l'appelaient dans l'Ouest; et le même jour il quitta le settlement.

Squire resta donc seul avec Flag, dans le claim : pendant longtemps leurs conversations roulèrent sur la fin tragique de leur ami, et sur le mystère insondable qui continuait à planer sur l'identité du vrai coupable. Plus d'une fois, au milieu de ces rêveries pénibles, il leur arriva des pensées et des soupçons si extraordinaires qu'ils ne voulurent pas s'y arrêter. Ils se contentèrent de conserver au fond de leur âme leurs soupçons intimes, en attendant que la vérité se manifestât dans des circonstances imprévues.

CHAPITRE VII

UN ANNIVERSAIRE DU BON VIEUX TEMPS

— Vraiment oui ! je vous le déclare, vous voilà redevenue vous-même, ce matin ; entièrement vous-même, sauf les cheveux, s'écria la bonne mistress Wyman après avoir soigneusement habillé, pomponné sa jeune protégée, et l'avoir confortablement installée dans un hamac, au meilleur coin du parloir.

— Je vous crois, ma bonne mistress Wyman ; en effet, je commence à me sentir mieux. Je vous remercie mille fois de vos bons soins, vous me gâtez en me dorlotant ainsi ; je suis mieux traitée qu'une princesse. Voilà un beau jour, n'est-ce pas ? Jamais le ciel ne m'avait semblé plus beau que ce matin.

— Cela vient de ce que vous avez longtemps gardé la chambre, sans respirer l'air du dehors, chère enfant. Moi, je trouve qu'en juin il fait meilleur encore : c'est en juin, dans la saison des roses, que je me suis mariée. Il est convenu avec Silas que tous les étés nous célébrerons l'anniversaire de ce bon jour : c'est aujourd'hui cet anniversaire, dit la brave femme du constable en riant si joyeusement qu'elle oublia de s'asseoir sur la chaise qu'elle venait de se préparer.

— Sans doute, vous alliez organiser une petite fête, à cette occasion, demanda Alice ; je voudrais bien être assez forte pour vous aider un peu.

— Oh ! pourvu que vous ayez bon œil et bon appétit, c'est tout ce qu'on vous demande. Ce n'est plus chez nous comme autrefois ; nous n'aurons pas grande société ; tout est bien changé maintenant : notre fils unique est mort ; notre fille est mariée bien loin ; l'incendie a dévoré nos propriétés ; nous menons petite vie maintenant, afin que cela dure jusqu'à la fin de nos vieux jours. Je prépare pour nous un petit dîner ; Silas a invité quelques amis pour nous aider à venir à bout de ce festin. Ainsi tenez-vous en bonne santé, soyez riante, car vous serez la joie de notre fête... Ah! chère! je sens mon gâteau qui brûle, j'y cours.

— Seigneur! j'espère bien que ce bon gâteau n'est pas avarié! s'écria Alice, en suivant de l'œil la bonne ménagère qui trottinait du parloir à la cuisine.

Bientôt mistress Wyman reparut, une bouteille dans une main, un bouquet dans l'autre :

— Oh! que nenni, il n'y a pas de mal, un peu de beurre répandu; du reste tout va bien. Mais regardez-moi les jolis cadeaux! tout çà est pour vous. Ne dirait-on pas que c'est votre anniversaire et non pas le mien?... M. Mallet vous envoie ce flacon... il y a de la liqueur Française, — *Élixir de Chartreuse* — certes! la jolie couleur l'émeraude! M. Allen vous envoie ces fleurs. Avec la bouteille il y a long comme le bras de compliments... Quant aux fleurs, un petit garçon seulement dit qu'elles arrivaient de la part de M. Allen, pour miss Newcome.

Alice rougit de plaisir; sans répondre, elle prit l'abord le flacon, le regarda avec curiosité, et admira les jolis reflets de la liqueur : mais lorsqu'elle reçût les fleurs, ses mains tressaillirent de joie, elle leur sourit en les pressant contre son cœur. Mistress Wyman lui offrit de les mettre rafraîchir dans un verre d'eau ; ce ne fut pas sans peine qu'Alice se décida à les lui confier, encore se réserva-t-elle un bouton de rose qu'elle fixa à son corsage.

— N'ayez pas peur, ma mignonne, je les placerai sur la table dans un beau vase, dit mistress Wyman en observant d'un petit air malicieux le regard inquiet avec lequel la jeune fille suivait le cher bouquet ; ce sera l'ornement du dîner. Nous y placerons aussi le flacon d'Élixir, il servira à vous mettre en appétit.

— Chère mistress Wynam ! fit Alice avec un tressaillement nerveux ; je sais que mon père ne voulait aucunement me voir accepter des cadeaux de M. Mallet. Que me conseillez-vous de faire en cette circonstance ?

— Oh ! oh ! votre père penserait-il ?... Ici la bonne femme s'interrompit : — Mais, je ne vois aucun inconvénient à ce que le riche et vieux M. Mallet envoie une bouteille de sa cave, à une pauvre petite enfant comme vous. Je sais bien que les méchantes langues trouvent à mal parler sur

tout : cependant il faut faire une large part aux
habitudes d'un homme qui a passé presque toute
son existence chez les Indiens. Mallet, après tout,
est un cœur généreux : mon mari n'a jamais eu
qu'à se louer de lui.

— J'aimerais envoyer cela à mon père, répondit
tristement la jeune fille, si je pensais qu'il voulût
l'accepter.

— Je crois qu'il refusera, chère enfant ; néanmoins mon mari m'a dit qu'il commençait à se
radoucir. Sans nul doute, le discours adressé
aux Lynchers par Allen lui a fait impression :
ce jeune homme est allé visiter votre père il y a
un couple de jours.

— Qu'il est bon et généreux, M. Allen ! Je voudrais bien le voir, pour le remercier.

— M'est avis que vous l'apercevrez un peu, répliqua l'excellente femme, car je crois l'avoir
invité à notre dîner. Allons, étendez-vous dans
votre hamac et reposez gentiment ; moi, je vais
surveiller ma cuisine, mes gâteaux, mon pudding.

Restée seule, Alice passa une heure à rêver,
demi-éveillée, au milieu des alternations de
crainte et d'espoir ; balançant, dans sa pensée,

les chances heureuses ou malheureuses que pouvait présenter l'affaire de son père ; s'efforçant de trouver quelque bonne raison pour avoir confiance.

Depuis le premier jour, excepté dans les moments où elle avait perdu connaissance, la pauvre enfant n'avait eu que cette unique préoccupation dans laquelle elle s'absorbait tout entière. Cette constante mélancolie l'avait un peu transformée et l'avait rendue plus touchante, en donnant à sa beauté un caractère moins enfantin, en imprimant à toute sa personne une gravité juvénile pleine d'un charme particulier.

Elle resta longtemps ainsi, renversée dans son hamac, silencieuse et absorbée dans mille pensées diverses ; répondant de loin en loin, par monosyllabes, aux questions que mistress Wyman lui faisait du fond de sa cuisine où elle brassait avec ardeur, plats, gâteaux et pudding.

Comme il arrive toujours aux âmes délicates et faibles, le découragement finit par l'emporter, les espérances furtives se dissipèrent comme le crépuscule devant la nuit ; Alice sentit son cœur se serrer, ses yeux devenir humides ; quelques larmes brûlantes roulèrent sur ses joues.

Mais au fond de son chagrin survivait toujours une pensée qui dominait les autres ; c'était un sentiment de reconnaissance profonde pour *celui* qu'elle avait trouvé si bon, si dévoué en ces tristes circonstances. Elle prit à deux mains le bouquet envoyé par Allen.

— Oh ! comme je vous aime ! bien ! bien ! bien fort ! répétait-elle avec une ferveur de tendresse dont elle ne se rendait pas compte.

Tout entière à ses préoccupations, elle ne s'aperçut pas qu'Allen arrivait et devenait l'heureux témoin des caresses prodiguées à ses fleurs.

Lorsqu'elle entendit sa voix douce et harmonieuse lui adresser un salut amical et s'informer affectueusement de sa santé, elle faillit s'évanouir et ne put lui répondre que par des larmes mêlées de sourire: finalement elle se mit à sangloter, sans savoir pourquoi.

Quoique jeune et inexpérimenté lui-même, Allen comprit un peu quelle pouvait être la cause de ce grand trouble ; il s'assit auprès de la jeune fille.

— Ainsi donc, lui demanda-t-il d'une voix caressante, ma jeune malade aime les fleurs que je lui ai envoyées?...

6.

Elle rougit et trembla fort avant de pouvoir répondre.

Tout-à-coup elle s'écria :

— Oh ! M. Allen ! c'est vous que j'aime ! vous avez été si bon pour moi depuis le premier jour où je vous ai vu.

Cette déclaration avait quelque chose de si inattendu, et en même temps de si extraordinaire, qu'Allen faillit perdre contenance : il se trouva surpris et ému comme une jeune fille ; en même temps, cette situation lui parût presque inconvenante : mais ce dernier sentiment se dissipa comme un furtif nuage, surtout lorsqu'il eût envisagé pendant quelques instants la pure, chaste et naïve figure de celle qui venait de lui parler ainsi.

— Je suis heureux, bien heureux de ce que vous me dites, répondit-il d'une voix émue ; car, moi aussi, je vous aime tendrement.

L'innocente Alice ne fit aucune attention à la nuance exprimée par les derniers mots du jeune homme. Elle ne comprit qu'une chose, c'est que leur amitié était mutuelle ; aussi elle lui sourit avec la franche joyeuseté d'un enfant qui répond à une caresse maternelle.

— Avez-vous de bonnes nouvelles de mon père ? demanda-t-elle ensuite.

— Non, chère miss. Mais je peux vous confier un consolant secret : vous le garderez, pour vous seule, et n'en parlerez à personne. Je regarde comme certain que votre père sera acquitté : j'ai l'œil sur un homme qui, pour moi, est le vrai coupable. Je ne saurais vous en dire davantage ; mais vous pouvez me croire, il y a toute certitude que je ne me trompe pas.

Alice ne put répondre ; cette soudaine invasion de plusieurs bonheurs inespérés lui remplissait l'âme, et débordait en pleurs de joie.

— Oh ! miss, murmura Allen, ne soyez donc pas si reconnaissante envers moi ; je ne suis que l'instrument de la Providence.

— Oui, oui, insista-t-elle en lui adressant un regard angélique, vous êtes pour moi, pauvre orpheline, un envoyé du ciel.

Tout à coup une voix cordiale et bien connue s'écria vivement à la porte :

— Eh bonjour ! M. Allen, comment ne vous ai-je pas vu entrer ?... trouvez-vous qu'elle va mieux notre intéressante petite malade ? Excusez-moi ; je vais revenir dans une minute.

Et la bonne mistress Wyman disparut comme elle était arrivée.

Son but était uniquement de prévenir jusqu'à l'ombre des inconvénients qui eussent pu résulter de ce tête-à-tête ; sa maternelle intervention produisit complétemeht l'effet désiré, Allen se leva vivement pour lui répondre et la conversation prit un autre courant.

Bientôt la ménagère revint toute rouge du feu sacré de la cuisine :

— Votre jeune pensionnaire me considère comme un phénix, mistress Wyman, dit Allen en riant ; je ne sais comment supporter tant d'honneur.

— Oh! faites donc le modeste !.... comme si vous n'étiez pas accoutumé à entendre dire du bien de vous !

— Allons bon ! vous vous mettez aussi de la partie ! En vérité, si des compliments pouvaient donner bon appétit à un convive, je serais un vrai phénix à votre table, mistress Wyman.

— Je suis ravie de vous voir en si bonnes dispositions, car le dîner est prêt. Mais Silas n'arrive pas : se mettrait-il en retard aujourd'hui?

— Non! De par tous les diables !... je veux

dire, n'ayez pas peur qu'un galant homme soit inexact un jour d'anniversaire! s'écria du vestibule la bonne grosse voix du constable.

Il entra, salua ses hôtes, embrassa sa femme sur les deux joues, et poursuivit joyeusement.

— En ce bienheureux jeudi, il y a vingt-sept ans, étais-je en retard, ma chère amie?

— Si vous l'étiez, répliqua celle-ci, mon nom n'est pas Mary Wyman!

Le constable échangea ensuite une poignée de main avec la jeune convalescente; puis, avec Allen.

— Eh! donc, regardez cette enfant, observa-t-il; la voilà qui reprend bon air, bon œil, bonne santé. Il ne lui manque que les cheveux : on dirait qu'elle a passé par les mains d'une bande de scalpeurs. — A propos, on a arrêté à Elktown, avant-hier, trois voleurs de bestiaux (qui font aussi un peu tous les méchants métiers); on les a fustigés d'importance et on les a chassés du territoire en les prévenant qu'à leur première réapparition, la fustigation ne les empêcherait pas d'être pendus.

— Mais, où donc ces criminels trouvent-ils un asile? demanda Alice; j'aurais pensé que la prairie devait leur offrir peu de refuges.

. —Oh ! ils se fourrent dans les ravins, dans des espèces de terriers creusés au flanc des collines ; sur leurs petits chevaux rapides ils traversent plus aisément la plaine que dans une région boisée ; enfin, ils n'ont qu'à traverser la rivière pour se trouver dans l'Iowa. — Tenez, voici une histoire sur ces coquins : il y a sur le bord des marais un gros fermier qui, la semaine dernière, avait acheté une superbe paire de chevaux. Il avait pris pour palefrenier une espèce de grand gaillard, de fort bonne mine, muni de magnifiques certificats : cet individu faisait parfaitement son service, et le fermier en était ravi. Un beau matin, en ouvrant l'écurie, on n'a plus trouvé ni chevaux ni palefrenier. Le filou les avait emmenés pour les vendre dans l'Iowa oriental, on l'a su depuis. Il n'a qu'à revenir dans ces parages, son compte sera bon !...

— Assez sur les voleurs de chevaux, Silas ; le dîner est prêt ; s'il refroidit nous n'aurons rien de bon. — Allen, chargez-vous de conduire cette petite fille à sa place ; je suis si vieille que je ne suis plus bonne pour soigner les enfants.

Chacun obéit à la ménagère ; la « petite fille » consentit fort gracieusement à se confier au bras

empressé d'Allen ; on prit gaîment place à table,
Alice d'un côté, Allen de l'autre, vis-à-vis d'elle.

Les fleurs et la bouteille d'élixir figuraient ho-
norablement devant la jeune fille : mistress Wyman en expliqua la provenance à son mari, avec
grande abondance de périodes laudatives à l'a-
dresse de M. Mallet.

Le dîner commença joyeusement et s'acheva
de même ; on fit si bien honneur à la liqueur de
M. Mallet qu'au dessert il n'en restait plus une
goutte.

— Votre « petite fille » a été assez bonne pour
m'accorder une affection fraternelle, dit Allen
avec une légère pointe de malice, lorsqu'on fût
revenu s'installer au parloir ; vous allez juger, mistress Wyman, si je me conduis en bon frère. J'ai
pensé que lorsque la santé de miss Newcome
serait rétablie, elle désirerait faire quelque chose
de plus que bien dormir, bien manger, bien se
promener (suivant vos prescriptions, mistress
Wyman). — Il y a maintenant un certain nombre
d'enfants à Fairview ; une école serait la meilleure chose du monde ; je propose d'en fonder
une sous la direction de miss Newcome. *J'ai cal-
culé que vous seriez capable de tenir école, puisque*

vous êtes du vieux Connecticut, ajouta-t-il en mi-
mant d'une façon grotesque l'accent nasillard
d'un pur yankee du Centre.

Alice se mit à rire de bon cœur, mais elle ne
sût que répondre.

— Certainement qu'elle en sera capable, dit
Wyman, mais elle a trop de modestie pour le
dire. Cependant, je trouve qu'elle n'en a nul besoin : il y a assez pour tout le monde dans mon
humble demeure ; Alice peut rester ici et servir
de compagne à ma femme. Elle est trop jeune
pour entreprendre quelque chose toute seule et
livrée à elle-même.

— Que dites-vous donc par là ? demanda
la ménagère.

— Ah ! ma chère amie, c'est Allen qui propose
d'installer cette petite fille à la tête d'une école.
Qu'en dites-vous, Mary ?

— Ce que j'en dis ? çà n'a pas le sens commun !
je ne puis comprendre comment vous vous four-
rez de pareilles idées en tête, M. Allen ! s'écria
vivement mistress Wyman.

— S'il vous plaît, je trouverais cela fort bien,
moi ! riposta Alice avec une irritation contenue
qui faisait trembler sa voix.

— Ma bonne mistress Wyman, reprit doucement Allen, je ne prétendrais nullement vous priver de miss Newcome, si ce n'est pendant les heures d'école ; et je me garderais bien de la soustraire aucunement à votre maternelle protection. C'est la femme du Juge qui m'a parlé de cela, la première ; j'ai consulté tous les pères de famille qui peuplent la ville, ils ont accueilli. très-favorablement l'idée d'avoir une école. Sans doute ce n'est pas là une spéculation de nature à enrichir miss Newcome, mais elle y récoltera assez d'argent pour acheter des vêtements à sa poupée ; — car les jeunes personnes s'occupent de poupées jusqu'à leur mariage, n'est-ce pas, miss Alice ?...

La jeune fille répondit par un joyeux sourire, au fond duquel se lisait le bon accueil fait à la plaisanterie d'Allen.

— Très-bien ! fit M. Wyman, j'opine pour la chose ; elle peut avoir du bon, après tout, Mary : d'ailleurs si ça convient à l'enfant, c'est déjà beaucoup.

— Enfin ! si elle en a tant envie, elle pourra essayer lorsqu'elle sera bien portante, grommela mistress Wyman en secouant avec énergie des

7

grains de poussière ou des miettes imaginaires
qui auraient pu figurer sur son tablier ; dans tous
les cas, elle n'a pas besoin de faire ce métier-là, —
aucun besoin, je vous le dis. Elle a de l'argent,
en bonne quantité, et pour longtemps.

— Mais, chère mistress Wyman ! s'écria Alice
étonnée ; je ne possède rien, vous êtes dans une
complète erreur.

— Oh ! que nenni ! ma mignonne ; je ne me
trompe pas ; vous ignorez ce que je sais, enten-
dez-moi bien. *Il* m'avait recommandé de ne rien
dire ; mais le voilà parti, et, qui sait s'il reviendra ? Je n'en ai parlé à personne autre que Silas.
Mais, je déteste les secrets, et, en ma qualité de
femme, je ne sais pas mieux les garder qu'une
au 3 : ça m'étouffe, je le sens, quand il faut contenir un mystère, aussi, je vais m'en débarrasser
le plus vite possible. Il est venu, l'autre jour,
pendant que vous étiez malade et en délire, un
gentlemen, un vrai gentlemen, qui nous a fait, à
mon mari et à moi, beaucoup de questions sur
vous. Ensuite, il a voulu vous voir de ses propres
yeux : alors, nous l'avons mené dans votre
chambre, où il vous a longuement examinée.
On venait, justement, de vous couper les che-

veux ; il les a caressés du bout des doigts sur
la table où ils étaient placés, mais il n'a rien dit
de plus.

Sans prendre le temps de respirer, la brave
mistress Wyman narra longuement tout le reste
de « son secret », puis elle courut chercher le petit trésor confié par l'étranger.

Bientôt elle revint toute triomphante, et versa
dans les mains d'Alice une poignée de brillantes
pièces d'or. L'éblouissement naïf manifesté par
la jeune fille l'amusait fort.

— Çà ne vient pas de mes économies, je vous
l'affirme, continua-t-elle après avoir joui de l'é-
tonnement général. Je ne connais personne qui
soit à même de me fournir une telle somme,
ainsi donc vous voyez que je ne me suis pas
trompée.

— Laissez-moi examiner un peu cela, dit Allen ; je suis légiste de naissance, et il m'appar-
tient de tirer au clair ce mystère. D'abord, cet
or est Anglais ; ensuite, je vois sur cette bourse
des armoiries et une couronne brodées ; cela in-
dique que le tout provient d'une personne importante et d'un haut rang. Peut-être allons-nous
découvrir que cette « petite » fille est une prin-

cesse déguisée : du reste ce n'est pas la pemière fois que cette idée m'est venue à l'esprit ; et cet étranger est sans doute un magicien qui a métamorphosé notre Cendrillon.

— C'est vraiment une chose curieuse, observa sentencieusement le constable ; — mais qu'avez-vous donc ? vous pâlissez, chère enfant ! je parie que vous êtes fatiguée par toutes ces agitations d'aujourd'hui.

— Oh non ! merci, ce n'est rien, je n'éprouve aucune fatigue. Quand pourrai-je commencer cette bienheureuse école ? demanda précipitamment la jeune fille, pour détourner la conversation.

— Seulement lorsque vous serez bien portante et forte, répliqua Allen ; mistress Wyman ne vous le permettra pas plus tôt. Vous ne voulez donc pas faire usage de cette petite fortune, et vous préférez travailler comme institutrice

— Oui, si j'en suis capable.

— Cependant votre curiosité doit être piquée à ce sujet : ne vous semble-t-il pas qu'il y a là-dedans un mystère tout plein d'heureux présages ?

— Oh non ! répliqua Alice avec un sourire embarrassé.

— Eh bien! moi, je ne suis pas de votre avis,
reprit Allen : assurément, dans la conduite de
cet étranger à votre égard, il y a autre chose
qu'une simple et vulgaire bienveillance. N'auriez-
vous pas quelque riche parenté que vous ne con-
naissiez pas? Excusez cette question, miss, elle
n'a d'autre but que votre utilité.

— Non! personne que je sache! répondit la
jeune fille en rougissant.

— Vous voulez dire, personne que vous con-
naissiez *vous-même*,... mais, votre famille?...

— Ma mère... peut-être ;... vous me ferez plaisir, M. Allen, en ne m'adressant plus aucune
question à ce sujet.

— Certainement, miss, je serais désolé de vous
paraître indiscret et de vous peiner en aucune
manière ; ne parlons donc plus de cela, mais
bien de notre future école ; je vais m'occuper de
trouver un bâtiment convenable, ajouta le jeune
homme en se levant pour partir.

— Ah oui! vous me ferez grand plaisir : mais
comment pourrai-je jamais reconnaître toutes
vos bontés, M. Allen?

— En me permettant de venir quelquefois
parmi vos élèves, miss : mon éducation a été

cruellement négligée dans mon enfance, ce sera
une bonne fortune pour moi de combler cette
lacune. Allons, adieu, petite sœur ; si mistress
Wyman n'y fait pas d'objection, je reviendrai
vous voir quelquefois.

La bonne maîtresse de la maison répondit gracieusement qu'il serait toujours le bienvenu, et
le jeune homme quitta la maison en compagnie
du constable.

— Je le déclare, s'écria mistress Wyman avec
emphase, lorsqu'Allen fut parti ; je n'ai jamais vu
un jeune homme ayant meilleur cœur ; il me
rappelle mon pauvre cher fils que nous avons
perdu.

Une mère ne pouvait décerner un plus flatteur
éloge qu'en proclamant la ressemblance d'Allen
avec son enfant adoré.

CHAPITRE VIII

TEMPÊTES INTÉRIEURES

Le Comptoir de la Cⁱᵉ d'Hudson était situé à environ un mille de Fairview, sur les confins intérieurs du claim de Newcome. L'emplacement était admirable, et occupait une des stations les plus pittoresques de la rivière : adossée au flanc d'une colline boisée, protégée contre les inondations par des enrochements naturels, cette maison, importante pour toute la contrée, représentait le monument le plus estimé de la colonie.

On avait fort habilement choisi un site qui tenait le milieu entre la région habitée et la région sauvage; on avait conservé les grands bouquets de ronces, de vignes sauvages, de sapins

touffus qui bordaient la rivière, en groupes irréguliers. Au milieu de cette nature luxuriante et
solitaire serpentaient des sentiers isolés, mystérieux, qui conduisaient à la rivière, à la plaine
ou à la montagne, au choix des voyageurs.

Cet état des lieux plaisait aux trappeurs Indiens
ou sang-mêlés qui venaient pour trafiquer de
leurs fourrures ou de leurs venaisons. Cependant
les allées et venues de ces hôtes errants de la
prairie n'étaient plus, à beaucoup près, aussi fréquentes que par le passé; les races rouges du désert ayant été successivement refoulées par les
invasions successives de la race blanche. Par
intervalles, seulement, on voyait glisser comme
des fantômes silencieux, le chef Indien, drapé
dans sa couverture, ou la squaw à peine protégée
par un étroit vêtement de calicot fané.

Au Comptoir également, tout était calme et
inoccupé; on aurait dit une ferme des frontières.
L'agent de la Cⁱᵉ et quelques Indiens ou demi-
sang apprivoisés composaient tout le personnel
de cet établissement.

L'édifice particulièrement occupé par l'agent
formait un bâtiment en troncs d'arbres, plus long
que large, couvert d'un immense toit à une seule

pente, tout badigeonné de blanc. A chaque étage un grand balcon extérieur ; au rez-de-chaussée un promenoir couvert, tels étaient les ornements apparents de cette habitation qui était en tout point conforme au style adopté dans les Settlements français du Sud.

Sur le balcon du second étage, l'agent lui-même daignait se reposer, en fumant un énorme cigare, aux bienfaisants rayons du soleil couchant : de temps à autre ses regards méditatifs faisaient un tour de promenade sur les rives splendides du fleuve ; ensuite ils erraient avec nonchalance sur les dépendances du Comptoir.

Apercevant dans la cour un jeune garçon sang-mêlé, il lui fit signe de venir.

— Henry ! arrive ici vaurien !

— Oui sir, je cours ! répondit l'enfant dont les yeux noirs et l'allure indolente dénotaient le mélange dans ses veines du sang Français et Indien.

Au bout d'une seconde il fut à côté du fauteuil de son maître.

— As-tu porté les cerises et le flacon à cette jeune lady, comme je te l'ai ordonné ?

— Oui, sir : répondit l'enfant, sans laisser mouvoir un muscle de son impassible figure.

7.

— Qu'a-t-elle dit?

— Elle a dit : « Je vous remercie ; c'est très-joli », reprit le jeune drôle, toujours avec un visage de bronze.

— Lui as-tu annoncé que, vers dixheures, j'irais me promener *par là*, en voiture ?

— Oui, sir.

Et qu'a-t-elle encore dit à cela ?

— Elle a dit : « Je vous remercie ; ce sera bien joli aussi. »

Sur ce propos maître Henry étouffa un furtif sourire.

— Elle a répondu ainsi ? ce sont les paroles de la jeune lady elle-même ?... Dis-tu bien la vérité, affreux petit gredin ?

— Je ne peux pas bien affirmer, parce qu'elle ne m'a pas parlé ; c'est une vieille lady que j'ai rencontrée, répliqua l'enfant, sur le qui-vive.

— Ugh ! démon ! le diable te !...

Mais Henry fut plus prompt que le fouet du maître ; avant qu'il eût fini son moulinet, il dégringolait l'escalier. A la dernière marche il rencontra dame Ka-Shaw, la maîtresse indienne du logis.

— Qu'est-ce qu'il y a encore de nouveau ? demanda-t-elle en fort bon anglais.

— Rien ! répondit l'enfant, en essayant de s'é-
chapper.

— Ah ! vraiment, rien?... alors, parlez, et dites-
moi tout ! ou bien, ça ira mal ! reprit-elle d'une
voix pleine d'orages.

Le jeune drôle savait trop bien ce qui se passait quand « çà allait mal, » pour en courir le
risque. Il s'arrêta humblement devant la terrible
questionneuse et répondit :

— Mallet m'a chargé d'un message pour une
lady ; et j'ai mal fait la commission.

— Ah ! ah ! c'était la fille Newcome ? demanda
l'indienne dont les yeux brillèrent.

Toute réflexion faite, Henry jugea plus prudent
et moins compromettant pour lui, de répondre af-
firmativement. Mais cela ne suffit pas ; il lui fallût
expliquer en détail toute la teneur et composition du message.

— Ah ! ah ! ah ! fit la princesse *Rouge,* in cres-
cendo, des cerises que j'avais cueillies moi-même
ce matin ! Apparemment il s'imagine que je vais
lui fournir des fruits pour en faire hommage
aux ladys blanches de son choix !

A ce moment on entendit la voix impérieuse
du maître qui appelait : « Henry ! Henry ! »

Le jeune garçon remonta tout doucement les escaliers, avec mille précautions concernant le fouet. Cependant l'instrument redouté ne fonctionna pas, quoique levé d'une façon inquiétante : il y avait même quelque chose de rassurant dans les yeux du maître, malgré ses sourcils froncés.

— Ah! vous mentirez donc toujours, canaille indienne! vous devez être un Pawnie; ce sont tous des menteurs et des filous. Oui, vous êtes un Pawnie, jeune louveteau!

Les yeux de l'enfant étincelèrent :

— Moi Omaha! Mallet! grommela-t-il.

— Eh bien! les Omahas sont des menteurs! vous n'avez rien à répondre. Courez vite dire à José d'atteler les chevaux, les noirs, Henry. Dites-lui aussi qu'il s'arrange de manière à ce que l'équipage ait très-bonne façon; sans quoi je vous fouaillerai tous les deux.

Henry disparût avec empressement; l'*Agent principal* (comme il se nommait lui-même), se recueillit quelques moments pour achever son cigare; ensuite il quitta le balcon pour rentrer dans l'appartement. Là il trouva Ka-Shaw qui l'attendait.

— Où est mon plus bel habit, Ka-Shaw?

— Quel besoin avez-vous de votre plus bel habit, Mallet ? quel besoin avez-vous de descendre à la rivière aujourd'hui?

— Je veux inviter quelques amis, Ka-Shaw, et je suis fort pressé. Où m'avez-vous donc caché çà, dites-moi?

— Mallet ne peut avoir son habit, répliqua tranquillement l'Indienne.

— Ah çà! que signifie cette mauvaise plaisanterie? demanda Mallet commençant à se mettre en colère.

— Vous pouvez bien aller voir cette fille Newcome avec vos vieux habits, riposta la squaw avec un sourire malicieux qui dissimulait mal sa fureur jalouse.

— Bah! bah! vous voilà encore jalouse, Ka-Shaw, dit l'agent en reprenant aussitôt son sang-froid, et s'asseyant avec nonchalance sur le bord du lit : est-ce que je n'ai pas été fidèle à vous et à votre tribu, depuis dix-sept ans? Ne vous ai-je pas accordé tous les priviléges que vous pouviez désirer? Toutes nos plus belles marchandises, toute notre meilleure monnaie, toutes les préférences n'ont-elles pas été pour vous? que vous faut-il donc de plus?

— Je veux que vous restiez fidèle à votre
femme indienne, Mallet !

— Très-bien! très-bien! réservez votre colère
pour une autre occasion, Ka-Shaw. Mais n'ayez
pas la prétention de me tenir éternellement en
lisière : si j'ai des amis dans votre tribu, j'en ai
aussi parmi mon peuple; voyons, soyez raisonnable, donnez-moi cet habit.

— Si Mallet veut l'avoir, qu'il le cherche, répondit la squaw, sur un ton amer, et sans bouger
de la place où elle s'était assise par terre.

L'agent se leva et fouilla dans une armoire à
côté de la cheminée. Finalement il trouva l'objet
cherché, mais dans quel état ! troué, déchiré,
en haillons !

— Qu'est-ce que ça signifie ? hurla-t-il en fureur.

La squaw, sans rien dire, le regarda d'un air
diabolique.

— Ah ! vieille louve ! vociféra Mallet hors de
lui ; je te chasserai hors d'ici, sur l'heure !

Ka-Shaw, qui nourrissait une bonne petite
vengeance à l'Indienne, bondit exaspérée, et, un
couteau à la main, s'élança sur Mallet avec l'agi-
lité d'un chat sauvage.

L'agent, pris au dépourvu, s'efforça de lui arracher son arme en la saisissant par les deux mains : mais la squaw, souple et forte comme tous ceux de sa race, avait pris le dessus ; pesant sur lui de tout son corps, elle le renversa sur le lit, de façon à lui rendre la lutte impossible.

Heureusement, à cet instant critique, un employé du Comptoir survint et s'interposa en faveur de son patron. Ka-Shaw dût battre en retraite, et se retira, humble et repentante en apparence, mais la rage dans l'âme.

Mallet, bonhomme au fond et sans rancune, la conduisit jusqu'à la porte en lui adressant force remontrances et observations philosophiques ; en même temps il lui promit de ne point la chasser si elle voulait se bien conduire à l'avenir.

— Il verra ! il verra un jour ! grommela Ka-Shaw lorsque la porte se fut refermée sur elle : Ka-Sahw n'est pas une Pawnie, elle n'est pas une Otoë, pour souffrir une insulte pareille.

Une demi-heure plus tard, on n'aurait pu découvrir chez le galant Français aucun souvenir de cette échauffourée, lorsqu'il aidait la tremblante Alice à monter dans sa voiture.

Ce qui agitait la jeune fille, c'était la conscience de faire là une chose qui déplairait aux deux personnes dont elle ambitionnait surtout l'approbation — Allen et son père.

Cependant elle avait été encouragée par mistress Wyman qui lui avait déclaré ne voir aucun inconvénient à ce qu'elle fit une petite promenade avec le « vieux bonhomme ». Dans l'opinion de la ménagère, l'extrême distance des deux âges autorisait cette innocente familiarité; Mallet était un vieillard, Alice une enfant et une enfant convalescente.

En définitive, il n'y avait pas une lady qui n'eût tressailli de joie, et mis ses plus belles plumes à son chapeau, en se voyant courtisée aussi civilement par le riche et aimable Français. D'ailleurs, Alice ne tarderait pas à être absorbée par les travaux de son école, et en attendant elle ne pouvait mieux faire que d'accepter une politesse aussi inoffensive.

Ainsi rassurée, Alice se sentit bientôt remise; le grand air, le mouvement, la beauté du jour, les gracieux compliments de son compagnon, tout contribuait à lui rendre agréable et salutaire cette partie de plaisir.

Au trot rapide des chevaux, on traversa le village; on dépassa la maison où Newcome était prisonnier; on adressa un « bonjour » sonore à la
femme du Juge, un signe amical à Allen debout
sur le seuil de son bureau; et on se lança en
pleine campagne.

— L'air vif et frais a rappelé sur vos joues leurs
roses accoutumées, miss Newcome; lui dit M.
Mallet avec sa fine fleur de galanterie habituelle.

Alice reçut ce compliment avec son franc et
naïf sourire, exempt d'amour-propre et de coquetterie; mais elle ne répondit rien, car elle
n'était pas de ces jeunes filles hardies et loquaces
que rien n'intimide.

— Ce serait bien dommage de les condamner
à pâlir dans une école, poursuivit Mallet.

— Je ne suppose pas que mes futures fonctions
soient terribles à ce point.

— Vous êtes assez jeune pour être encore une
écolière, au lieu de devenir institutrice, ma chère
miss.

— Oh oui! et assez ignorante, surtout! ajouta
la jeune fille avec un petit soupir.

— Mais non! mais non! Loin d'être ignorante
pour votre âge, vous êtes au contraire remarqua-

blement intelligente et sympathique. Toute jeune
que vous êtes, vous savez charmer quiconque vous
approche. Au surplus, je pensais qu'il serait in-
finiment meilleur que vous allassiez passer un
an ou deux dans quelque bon pensionnat de
grande ville, au lieu d'entreprendre la tâche de
pédagogue dans un pays comme celui-ci ! Ne préféreriez-vous pas cela ?

— Si c'était possible ! répartit vivement Alice,
je serais trop heureuse !

— Tout ce qui est en mon pouvoir ne devient-il
pas possible pour vous ? demanda M. Mallet en
épiant avec soin l'effet produit par ses paroles.

— Vous... M. Mallet ? s'écria-t-elle en rougissant
de surprise joyeuse.

— Certainement, riposta-t-il avec un sourire
gracieux ; comment ne serais-je pas charmé de
me rendre utile ou agréable à une ravissante enfant comme vous, surtout dans les circonstances
actuelles ?

— Moi, je ne connais rien à tout cela, M. Mallet, et ne puis rien décider par moi-même ; je
voudrais, avant tout, consulter mes amis. Je ne
pense pas que mon père consente à vous avoir
une telle obligation.

— Vous consulterez votre père, miss ; peut-être
ne sera-t-il pas aussi hostile à cette idée que vous
le craignez, insista Mallet en la regardant avec
une admiration visible : mais, si Newcome se décide à me confier l'agréable mission de veiller
amicalement sur vous, quels autres amis voudriez-vous donc consulter ?

— J'aimerais avoir l'avis de mistress Wyman,
et... celui de M. Allen, répondit Alice en hésitant.

— Vraiment, c'est à moi d'être surpris, maintenant, miss Newcome ! Je ne sache pas qu'il soit
reçu ou même convenable que les jeunes filles
consultent, sur leurs affaires, les jeunes gens de
vingt-trois ou de vingt-quatre ans. Le jugement
de M. Allen vous semble-t-il donc plus empreint
de maturité que le mien ?

Le ton demi-moqueur, demi-sévère, pris par le
rusé Français, fit complétement perdre contenance à la jeune fille.

— Il a été si bon pour moi... balbutia-t-elle.

— Mais moi aussi, je ne demande pas mieux
que d'être bon pour vous,... si vous voulez bien
me le permettre, répartit vivement Mallet avec
un sourire aigre-doux.

— Oh ! sir, vous avez eu déjà bien des bontés

pour moi, et je vous en suis très-reconnaissante.
Tout le monde m'a comblé d'amitiés, bien au
delà de mes mérites.

— Personne n'a rien fait de trop, mignonne
rose de la prairie ! Qui n'aimerait à cultiver et
posséder une aussi charmante fleur que vous? —
M. Allen est un garçon d'avenir, et qui donne
des espérances, comme tous les jeunes gens :
mais il n'est ni assez âgé, ni assez sage, ni assez
riche, ni assez bien posé pour devenir le pro-
tecteur d'une charmante jeune lady comme
vous.

— Et vous êtes tout cela?... demanda Alice avec
une intention malicieuse.

— Mais, je pense que oui! Au surplus, afin de
ne pas laisser à vos susceptibilités enfantines
l'ombre d'un prétexte, je me charge de vous ré-
concilier avec votre père. Aurez-vous quelques
bons sentiments pour moi, miss Alice, lorsque
j'aurai accompli cette promesse ?

— Oh! sir, je serai si heureuse! si reconnaissante! oui, oui, heureuse! murmura la jeune
fille en tournant, avec une expression adorable,
vers Mallet, ses beaux yeux ingénus, tout humides de larmes.

— Certes, fût-ce impossible, je le ferai ! répondit Mallet.

Elle n'osa pas lui demander par quels moyens
il comptait mener à bonne fin une tâche aussi dif-
ficile. Dans sa candeur confiante et inexpérimentée, elle considérait comme tout naturel
qu'un homme d'âge et d'importance, tel que
Mallet, réussit où elle avait échoué. Elle s'estima
heureuse de rencontrer tant d'amis si chauds et
si dévoués ; ces pensées agréables se reflétèrent
en teintes joyeuses et rosées sur son charmant
visage, sans qu'aucune méfiance ni aucune autre
idée vint s'y mêler.

Lorsqu'au retour, la voiture traversa de nouveau le village, Alice aperçut de loin Allen debout sur le seuil de son bureau : mais elle re
marqua qu'il rentra dédaigneusement chez lui
sans se retourner pour lui adresser un regard.

Cet incident, tout minime qu'il fût, inquiéta la
jeune fille et lui gâta tout le plaisir de sa promenade.

— Adieu, miss Newcome, dit Mallet en la dé-
posant à la porte de mistress Wyman ; ne vous
installez pas dans votre école avant que j'aie vu
votre père.

Ensuite, après l'avoir saluée d'un gracieux signe de main, l'aimable séducteur fit voler son attelage au triple galop, et disparût, comme un brillant météore, au milieu d'un tourbillon de poussière.

Le même soir Allen se présenta chez mistress Wyman ; il venait voir si « sa petite sœur » pensait être bientôt assez forte pour entreprendre sa grande tâche d'institutrice.

La jeune fille, qui parmi ses excellentes qualités, avait surtout une rare franchise, lui fit connaître de point en point tout ce que l'Agent-Principal avait dit.

— Ainsi donc, vous n'hésiteriez pas à vous livrer à la générosité de cet homme ! demanda Allen, lorsqu'elle eut fini.

— Je ne pense pas que mon père y consente, répondit-elle évasivement.

— Alors, si votre père y consentait, vous vous abandonneriez aux soins de ce trafiquant Indien? poursuivit Allen d'un ton amer et dédaigneux.

Alice avait toujours les larmes proches de ses paupières ; un ruisseau coula aussitôt le long de ses joues.

— Je voudrais avoir aussi votre consentement, murmura-t-elle d'une voix humble.

— Et si je ne le donnais pas ?

— Oh ! alors je n'aurais aucun désir de me prêter à tout cela.

Ce fut presque en sanglottant qu'elle fit cette dernière réponse.

Le jeune homme imposa silence à ses pensées tumultueuses :

— Tenez, petite sœur, vos larmes sont folles, lui dit-il en la prenant par les mains, et la faisant lever de dessus sa chaise ; la lune brille, la brise est douce, le ciel est pur ; courez vite demander à mistress Wyman la permission de faire avec moi un tour de promenade sur le bord de la rivière.

La permission fut gracieusement donnée, avec recommandation de ne pas aller trop loin, et de prendre des vêtements chauds.

Alice ne se sentit pas de joie lorsqu'elle fût en route, le bras au bras du jeune homme, allongeant ses petits pas pour les accorder avec sa démarche souple et agile.

Allen reprit sans tergiverser, la conversation, au point où elle en était restée :

— Vous dites donc que vous ne vous laisserez

pas envoyer en pension par ce Français, si je ne donne pas mon approbation à cet arrangement? demanda-t-il avec un léger accent de triomphe dans la voix.

— Je serais très-malheureuse si je faisais quel-que chose contre votre gré.

— Vraiment! malgré l'assentiment de tous vos autres amis, vous craindriez de faire quelque chose qui me déplairait? J'en conclus que vous tenez mon avis en grande estime. Savez-vous bien, miss, que c'est pour moi un compliment flatteur.

— Je suis sûre que vous le méritez : ne m'avez-vous pas donné déjà les preuves de la plus sin-cère et de la plus prudente amitié? Je me sens fière et heureuse lorsque vous m'appelez « petite sœur. »

— Je voudrais ne plus vous donner ce nom, chère Alice, mais *un autre* qui me fournît la pos-sibilité de mettre à distance ce *chercheur* de liai-sons avec les jeunes filles. Enfin, si ce monsieur français voulait vous épouser après vous avoir tenue en pension un an ou deux· que diriez-vous?

— Oh! M. Allen! comment pouvez-vous ima-giner des choses aussi... aussi choquantes? s'é-

cria la jeune fille avec un accent mutin, et se
débattant pour retirer les mains qu'Allen tenait
dans les siennes.

— C'est justement ce que je pensais, moi, répondit Allen avec un sourire; ce serait une
indignité *choquante* de voir une fraîche et charmante enfant, comme vous, unie à ce vieux
singe rabougri. Eh bien! croyez-moi, je parie
qu'il tripote dans ce but odieux, et qu'il arrivera à se procurer le consentement de votre père.

— Comment admettre cela? Mon père, la veille
du... malheur, me parlait de lui en fort mauvais
termes, et me prévenait amèrement contre lui.

— Tout est changé pour votre père, maintenant;
Mallet est riche, entreprenant ; or les riches ar-
rivent ordinairement à leurs fins, dans tout pays;
Mallet y arrivera. Et maintenant, poursuivit
Allen avec tendresse, que dirait « petite sœur »
si Allen la demandait pour épouse ?

Il s'arrêta, épiant avec un vif battement de
cœur la réponse qu'il espérait lire sur le visage
d'Alice.

Mais elle se détourna vers l'ombre, en baissant
la tête sans rien dire.

Allen attendit quelques moments en silence ;

puis voyant que la jeune fille ne faisait aucun signe:

— Vous ne me répondez rien, chère, chère Alice! un mot, un seul mot me rendrait heureux: je ne puis supporter cette idée, qu'un vieillard odieux obtienne ce triomphe, et que votre père abusé, influencé, vous abandonne à un pareil homme! Il n'y a donc rien, dans votre cœur, qui s'indigne d'une pareille perspective? rien qui vous parle en ma faveur?

Le silence régna encore entre eux pendant quelques instants; enfin Alice répliqua d'une voix tremblante:

— M. Allen, je ne ferai jamais rien pour désobéir à mon père; non, je ne le dois pas.

— Ah! c'est que vous ne m'aimez pas! dit Allen sombrement.

— Mais si! M. Allen; je suis bien sûre que je vous aime, plus que personne au monde. Cependant je ne ferai jamais rien sans que mon père le sache et y consente. S'il m'envoie où M. Mallet le désire, j'irai, dût un pareil sacrifice me briser le cœur!

— Croyez-vous donc que votre père a le droit de vous sacrifier ainsi?

— Je ne sais... mais bien sûr, jamais je n'agirai contre le gré de mon père! non, non, jamais! fit Alice avec une explosion de larmes.

— Alors, ma bien-aimée, je dois me retirer, et disparaître de votre existence, n'est-ce pas?

— Mais non! en vérité, la vie me semblerait déserte sans votre amitié. Et qui sait?... ajouta la jeune fille avec un sourire d'espérance, peut-être mon père consentira!...

— Eh bien! dans ce dernier cas, miss Alice consentirait-elle à devenir un jour ma femme?

— Ce sera comme M. Allen voudra, murmura Alice d'une voix plus insaisissable qu'un souffle.

En ce moment, retentit à quelque distance la voix de M. Wyman qui appelait les deux promeneurs « les croyant perdus. »

Ce fut comme une trompette éclatante sonnant le réveil: on reprit à la hâte le chemin du logis. En route, Allen dit à Alice:

— Je vais, sans tarder, travailler à assurer votre bonheur: je verrai votre père dès demain, et, s'il ne dépend que de moi, le vieux Français ne vous promènera plus dans son carrosse.

CHAPITRE IX

SACRIFICE

Lorsque Alice se réveilla le lendemain matin, elle trouva la bonne mistress Wyman debout devant son lit :

— Vous êtes paresseuse ce matin, lui dit la bonne femme ; je parie que vous vous êtes trop fatiguée hier ; cependant vous seriez éveillée et alerte comme une caille si vous aviez pu prévoir les bonnes nouvelles que je vous apporte.

— Mon père serait-il en liberté, demanda vivement la jeune fille :

En même temps, secouant un reste de sommeil, elle sauta prestement à bas du lit.

— Non, ma petite chatte ; mais je m'attendais à cette question, car je connais votre bon cœur.

Cependant il s'agit de votre père. Il a fait dire ce matin qu'il désirait vous voir, et comme je savais d'avance toute la joie que vous éprouveriez, je n'ai pas eu la patience d'attendre votre lever. — Mais quoi?... ajouta-t-elle en remarquant la pâleur et l'émotion silencieuse d'Alice; ça ne vous transporte pas comme je l'aurais cru?

— Si bien! mistress Wyman; oh si! je suis heureuse, s'écria enfin la pauvre enfant; mais le saisissement, la surprise,... je vous remercie de m'avoir éveillée. Je vais m'habiller bien vite: ne m'attendez pas pour déjeuner.

— Là! là! enfant; quelle agitation! Il y a une bonne heure que nous avons déjeuné: Silas est parti en ville. Mais je vous ai gardé quelque chose de chaud; vous le prendrez quand vous serez prête.

Lorsque Alice descendit pour déjeuner, elle trouva sur la table une délicieuse corbeille pleine de cerises fraîches sur lesquelles était cette note

« *A ma charmante pupille.* »

— Le petit groom de M. Mallet, dit mistress Wyman, a expliqué que son maître serait ici à neuf heures avec la voiture, pour vous mener voir votre père. — Enfin qu'avez-vous donc, ma

8.

chère fillette? Vous ne mangez rien : prenez donc quelques fruits ; ils ont si bon air, ils sont cueillis de ce matin, j'en suis sûre.

— Merci, je n'en ai pas envie. Je ne goûterai qu'à votre délicieux café ; il est fort de mon goût.

— Ah! pauvre amie! je pensais que ces bonnes nouvelles vous auraient donné bon appétit, et c'est tout le contraire. Je veux savoir pourquoi vous ne mangez pas, chère ; je ne comprends rien à votre trouble ; est-ce que tout ça ne vous semble pas bon? je vous ferai autre chose si vous voulez.

— Vraiment vous me gâtez par trop, bonne mistress Wyman, répliqua Alice en essayant de sourire ; tout le monde, ici, me choie comme un *baby* ; il n'y a que moi qui soit une petite sotte, bonne à rien.

Malgré toutes les instances de la ménagère, Alice refusa de prendre autre chose qu'une tasse de café, et se hâta de procéder à sa toilette. A peine était-elle prête que le pas des chevaux noirs de l'Agent résonna sous les fenêtres ; en même temps ce galant gentilhomme vint se mettre à sa disposition.

Le trajet jusqu'à la prison se fit en silence, chacun d'eux étant agité de pensées impossibles à communiquer.

Lorsque Mallet donna la main à la jeune fille pour l'aider à descendre de voiture, il fut frappé de sa pâleur extraordinaire, et, avec un réel intérêt, lui en demanda la cause. Alice lui ayant répondu simplement qu'elle était dans son état habituel, il la laissa à l'entrée du logement de son père, puis, avec une profonde révérence, lui annonça qu'il se tenait à sa disposition pour la ramener chez mistress Wyman.

Lorsque la porte s'ouvrit pour la laisser entrer Alice éprouva un si affreux battement de cœur, qu'elle chancela au point d'être obligée de s'appuyer contre le mur pour ne pas tomber. Elle jeta un regard effrayé sur le visage morne et livide du prisonnier, et y lut quelque chose de fatal, d'implacable, qui la glaça jusqu'à la moelle des os.

— Ce n'est pas pour me régaler de votre présence, lui dit-il d'un ton dur et froid, ou pour être assailli par vos jérémiades ; j'ai seulement à vous donner des ordres concernant votre position à venir. Prenez une chaise et écoutez-moi.

— Oh! mon père! lui répondit-elle en tendant

vers lui ses mains crispées par l'angoisse, vous ne me pardonnerez donc pas?... si vous saviez tout mon chagrin, si vous saviez combien je serai soumise....

— Ne me parlez donc pas d'obéissance, fille d'une mère indisciplinée! je saurai bien vous réduire à la soumission; en tout cas, voici le moment d'obéir.

Il se renferma pendant quelques instants dans un sinistre silence: la malheureuse enfant resta immobile, laissant couler de grosses larmes amères.

— Le trafiquant français, reprit-il avec un méchant rire, s'est épris de votre superbe beauté; il veut, dit-il, vous *adopter.* Ce mot, pour moi, signifie que, lorsqu'il aura réussi à se débarrasser de sa vermine Indienne, il prétend se marier avec vous. En même temps, pour vous soustraire aux adorations de quelques jeunes galantins, il se dispose à vous fourrer dans une école où vous serez gardée à vue.

Voyant qu'elle avait reçu ce premier coup de boutoir avec une impassibilité de marbre, le mauvais père s'irrita de cette résignation et continua pour la pousser à bout:

— J'ai entendu raconter que vous avez commencé à bien marcher dans les voies de votre
mère. La nuit dernière vous êtes allée faire une
promenade sentimentale avec le monsieur qui
a dénoncé votre père et l'a fait arrêter comme
meurtrier.

— Ah! pour l'amour de Dieu! ne parlez pas
ainsi, sanglotta la pauvre créature ; M. Allen est
plein de bons sentiments pour vous ; il s'est montré à mon égard le meilleur, le plus généreux
ami... Néanmoins, si cela vous déplaît, je ne le
reverrai plus.

— Mallet y mettra bon ordre! ricana le vieux
gredin.

— Mon père! — et elle se traînait sur ses genoux, — je romprai avec M. Allen, je vous obéi-
rai en ce qui concerne M. Mallet, je remplirai
pieusement tous mes devoirs envers vous!... Mais
je vous en supplie, mon père! un mot d'affection,
un regard, un signe!... permettez-moi de rester
ici auprès de vous, tant que ces murs vous ser-
viront de prison, soyons amis, père! je vous en
conjure.

Une lueur de sensibilité faillit réchauffer le
cœur de ce lâche coquin sans entrailles. Qui

n'aurait eu pitié de cette enfant navrée, dont l'unique préoccupation était de baiser la main qui la meurtrissait?... Mais la brutalité reprit sur le champ son empire, l'esprit du mal l'emportait sur l'ange.

— En voilà assez, fit-il séchement; j'ai fini avec vous. Je vous ai livrée à Mallet, c'est à lui que vous devez obéissance. Exécutez mes ordres, ou, par l'Enfer, çà ira mal !

Alice ne pût dire une parole : elle se rejeta en arrière, la tête dans les mains, et resta ainsi perdue de douleur et de désespoir.

L'unique sentiment éprouvé par Newcome fut le désir de s'en débarrasser; « les pleurnicheries » l'ennuyaient. Il se mit à arpenter la chambre avec humeur et ferraillant avec ses chaînes.

Tout à coup le shériff ouvrit la porte et annonça un nouveau visiteur. Sans même savoir de qui il s'agissait, Newcome le fit introduire : c'était une diversion extrêmement opportune.

— Relevez-vous ! sotte créature ! dit-il à sa fille, et soyez convenable.

Allen était déjà entré, jugeant d'un coup d'œil la triste situation. Il devina tout, comprit qu'il arrivait trop tard, et faillit laisser éclater son indignation. Pourtant il se contint et adressa la parole au prisonnier, comme s'il n'eût rien vu, comme s'ils eussent été entièrement seuls.

— M. Newcome, lui dit-il d'une voix ferme, j'ai désiré vous voir pour obtenir votre consentement à mes fiançailles avec votre fille : je l'aime, et je crois que ma demande est agréée par elle.

— Oh ! oh ! à son âge, une fille a encore long-temps pour penser au mariage : cependant elle me paraît bien hardie d'avoir osé déjà décider cette question.

— Rien, sans votre approbation, sir ; elle n'a aucune pensée qui ne soit soumise à vos volontés.

— Le sort de ma fille est autrement fixé, répondit sèchement Newcome.

Voyant cet homme acharné dans son implacable obstination, Allen se tourna vers Alice qui était restée la tête dans les mains, immobile comme la statue du désespoir.

— Vous avez donc été vendue à ce Français ? lui demanda-t-il d'une voix amère, en dépit de ses efforts pour rester calme.

La malheureuse enfant fit un geste affirmatif.

— Et vous consentez à pareil marché ! vous vous laisserez trafiquer comme une squaw ? s'écria le jeune homme hors de lui.

— J'obéis à mon père, dit-elle d'un ton morne.

— Votre père ! ah ! vraiment, il a bien droit à ce titre ! Est-ce là un père ?

Allen se tut, de peur d'en trop dire. A ce moment il avait un vif regret d'avoir arrêté les *Lynchers* dans leur exécution sommaire.

La jeune fille lui fit signe de s'approcher :

— Ne devenez pas l'ennemi de mon père, lui dit-elle, comme si elle eut deviné ses pensées secrètes ; continuez de lui être favorable, dans cette malheureuse affaire.

Allen ne répondit que par un mouvement d'indignation, et par un serrement de main.

— Alice, votre *Maître* vous attend, fit le père avec dureté.

Elle se leva sur le champ pour partir.

— Pourrai-je revenir vous voir ? demanda-t-elle timidement.

— Mallet décidera cela : allez !

La pauvre créature, renfonçant ses larmes, s'approcha de la chaise sur laquelle se tenait Newcome, et lui donna un baiser d'adieu, tout en

tremblant d'être repoussée. Ensuite elle sortit à
la hâte sans dire un mot ni adresser un regard à
Allen.

Allen réprimant son vif désir de la suivre, essaya de rester avec Newcome pour lui adresser
les plus chaleureuses observations.

Mais ce fut en vain qu'il se confondit en discours persuasifs, suppliants, admirables de dou-
ceur et de patience : le prisonnier finit par ne
plus même lui répondre.

Alors, le jeune homme se leva, gonflé d'amertume et de désespoir, renonçant à prolonger la
lutte avec cet être vicieux et dénaturé.

— J'ai à vous apprendre une nouvelle qui
pourrait bien modifier vos intraitables résolu-
tions, lui dit-il au moment de partir : savez-vous
que les parents maternels de votre fille font des
démarches pour la retrouver ?

Un flamboyant regard de bête fauve, lancé par
Newcome, apprit à Allen qu'il venait d'atteindre
le point vulnérable.

— Si cette protection tutélaire s'offrait à votre
fille, ne la préféreriez-vous pas à celle de l'Agent
français.

— Non ! mille malédictions ! hurla le prisonnier. J'aimerais mieux pour elle l'enfer avec Mallet !

Allen s'enfuit pour ne pas succomber à une féroce tentation d'assommer ce misérable.

CHAPITRE X

ÉCLAIRCISSEMENT DU MYSTÈRE

— Ohé ! Hup ! Comment va ? s'écria Flag en faisant irruption dans le cabinet de Squire (Allen), et le trouvant plongé dans ses méditations, l'air lugubre, la tête dans les mains, les coudes sur la table. Ah ça ! mon vieux garçon, qu'est-ce donc que vous avez ? Je ne vous ai jamais vu si abattu ; qu'est-ce qui va mal ?... les affaires, les amours, la santé ?...

— Tiens ! c'est vous Flag ! j'ai une joie prodigieuse de vous voir ; répondit Allen en lui errant les mains ; depuis quand êtes-vous ici ?

— Depuis une demi-heure : ma foi, il était temps ! Je viens de faire une tournée monstre

jusqu'à Elkhown et sur les confins de la Platte...
glorieuse contrée! je vous le dis.

— Avez-vous découvert quelque emplacement
meilleur que celui-ci ?

— Peuh ! pas précisément ! J'aime à être proche
de la rivière, de façon à entendre quelquefois
siffler le steam-boat. Que deviennent ces Irlandais nos voisins?

— Je n'en sais rien; ils ne vont pas mal, je
crois: c'est bien le dernier de mes soucis. Avez-
vous revu Ed ?...

— Que le diable l'emporte ! Il doit y avoir quelque cause à sa disparition mystérieuse : voilà
six semaines qu'il est parti ; nous devrions bien
nous occuper un peu de ça.

— Je m'en suis occupé, reprit Allen en se ren-
versant dans son fauteuil, et faisant claquer ses
doigts, et j'ai trouvé plus que je ne cherchais...
Que diriez-vous si je vous apprenais que Ed est
un voleur de chevaux ?

Flag fût si confondu qu'il ne pût rien dire pendant quelques instants, et resta en contemplation
devant Allen.

— Mille dieux! s'écria-t-il enfin; et quand je
pense que nous nous sommes acoquinés avec

un pareil gredin! ah! quelle parfaite canaille!

— Tout scélérat, pour réussir doit avoir adresse, audace et sang-froid ; reprit Allen ; or il possédait ces qualités au grand complet. Je ne l'ai surpris qu'une seule fois hors de garde.

— Mais, comment avez-vous fait ces découvertes, Squire? Ed a-t-il été surpris en flagrant délit?

— Je vais vous raconter cela. Vous vous souvenez de l'apparition que nous vîmes, une nuit ? Nous pensions que Ed était endormi.

— Oh oui! je m'en souviens ; je crois que je n'oublierai jamais cette nuit-là... Mais vous ne m'avez point parlé de vos doutes à cet égard.

— Pour dire vrai, je n'ai eu d'abord qu'une ombre de soupçon : ce n'est que plus tard, au moment de la procédure dirigée contre New-come, qu'un nouveau jour s'est fait dans mon esprit ; je me suis rappelé qu'il y avait eu *deux* coups de feu, et les terribles indications du Fantôme... — Il a bien montré du doigt Ed, dans son lit, n'est-ce pas?

— Oh! oui certes! et avec quel regard !

— Vous concevez, on a beau n'être pas superstitieux et ne pas croire aux revenants... Il y avait

là de quoi faire réfléchir. J'ai donc prodigieusement songé à toute cette affaire; j'ai observé Ed; sa
conduite n'a pas été naturelle... vous vous rap-
pelez ce que je vous ai dit de mon dernier entre-
tien avec lui, lors de l'affaire des Lynchers...

— Oui, oui, il ne dormait pas, le traître!

— Et, depuis lors; depuis qu'il s'est vu percé
à jour, il a disparu!

Flag réfléchit pendant quelques instants:

— Étrange! vraiment étrange! dit-il enfin.
Maintenant, une autre réflexion me vient à l'esprit: le lendemain du meurtre, il m'a dit avoir
vendu son fusil. Pourquoi cela? Il y tenait énormément, et, dans une occasion précédente, il avait
refusé de s'en défaire.

— Mon cher ami, interrompit Allen, apprenez
qu'il ne l'a point vendu: j'ai fait à ce sujet des
recherches de chat, et je l'ai trouvé, ce fusil,
caché dans un arbre creux, à peu de distance du
théâtre du meurtre, dans un creux de terrain
correspondant parfaitement aux hypothèses du
docteur-médecin qui a fait l'expertise.

— Ma foi! voilà des preuves irrécusables à mon
avis. Mais comment avez-vous su que Ed était
aussi voleur de chevaux?

— Par induction certaine. Deux chevaux splendides ont été enlevés dans une ferme ; on a eu le
temps d'apercevoir à distance le larron qui les
emmenait ; on m'a rapporté son signalement ;
c'est celui de notre homme.

— Oh! vous avez raison, Ed n'est autre chose
qu'un vil scélérat. Qui aurait pu le croire tel...
il faisait si bien l'hypocrite avec nous. Et dire
que peut-être tout cela n'est qu'une suite de notre détestable plaisanterie envers Ed ! ajouta Flag
douloureusement ; il aura voulu se venger.... Ah!
je ne jouerai de ma vie à pareils jeux! Enfin, je
conclus de là que Newcome doit être acquitté.

— C'est ce qui arrivera, je suppose: aucun
jury ne voudrait le condamner en présence de
pareilles incertitudes.... Quoique, à vrai dire, ce
ne soit qu'une autre variété de coquin.

— Allons bon! il y a encore quelque chose de
ce côté-là? Je le devine à vos airs consternés.
Voyons, racontez-moi toute cette affaire.

Allen se trouvait justement dans la *période
des confidences :* il fit à son ami le récit minutieux
de tout ce qui concernait Alice et leurs amours
éplorées.

— Vieux cormoran! vieux vautour! que ce

Newcome, s'écria Flag : il mérite bien d'être pendu aussi ; ce serait un fameux débarras pour la société. Quant à Mallet, tout n'ira pas comme il l'espère. Mistress Ka-Shaw est là, qui veillera au grain, je n'en doute pas... Vous connaissez ce dragon femelle ?...

— Tiens ! au fait, je n'y avais pas songé, répliqua Allen dont le visage fut illuminé par un sourire. Ce sera probablement un auxiliaire : d'autre part le mystérieux étranger reparaîtra; il faut l'espérer. — Mais, que vois-je?... Wyman accourt à corps perdu, que vient-il nous annoncer ?

En effet l'honnête constable enfonça la porte, plutôt qu'il ne l'ouvrit, et vint tomber sur un banc comme une bombe.

— De part tous les diables ! je veux dire !... Elle est empoisonnée !! s'écria-t-il d'une voix étranglée, tout en essuyant la sueur qui baignait son visage.

— Qui?... de qui parlez-vous?... demanda Allen devenu horriblement pâle.

— Ah ! mon Dieu ! la « petite fille... » De par tous les....

— Alice ! fit le jeune homme d'une voix terrible, en se levant.

— Elle est chez nous... Je devrais dire, son pauvre corps... soupira Wyman.

— Allons! allons donc! hurla Allen en prenant ses pistolets et un couteau de chasse; ah! malheur! si tout est fini pour elle, d'infernales catastrophes commenceront dans Fairview!!

Et il s'élança furieusement dans la direction de la maison où gisait la jeune fille.

En arrivant il ne vit ni mistress Wyman en pleurs, ni le médecin qui soignait Alice : il n'apercevait qu'elle, pâle, froide, inanimée, renversée dans un fauteuil. Il lui prit les mains, elles étaient glacées; il lui parla, elle ne répondit pas.

Cependant le médecin cherchait, par ses questions, à être quelque peu renseigné sur les causes de cette catastrophe.

— Qu'a-t-elle mangé ce matin? demandait-il en préparant un vomitif.

— Presque rien, répondait mistress Wyman; elle n'a pas même voulu toucher à ces cerises fraîches, envoyées ce matin par Mallet; elle n'a bu qu'un peu de café.

— Quelqu'un a-t-il touché à ces fruits?

— Personne : les voilà tels que je les avais placés sur l'étagère, en les recevant.

9.

— Il faut les ranger, dit Allen; on les soumettra à une analyse.

Pendant la nuit entière on s'empressa autour
de la malade et, vers le matin, quelques symptômes favorables apparurent.

Le bruit de cet événement était promptement
arrivé aux oreilles de Mallet. Sur le champ ses
soupçons se portèrent sur Ka-Shaw, la terrible
Indienne; mais, allant au plus pressé, il s'élança
vers l'écurie pour enfourcher un cheval et courir chez Wyman.

Par un hasard étrange, Ka-Shaw se trouva sur
son passage.

— Ah! démon! vociféra Mallet en sautant sur
elle et la saisissant par le bras; tu l'as empoisonnée, cette pauvre enfant qui ne t'avait jamais
rien fait. Mais tu mourras aussi, vieille louve
enragée!

— Elle est donc morte, cette fleur blanche? fit-
elle, l'œil étincelant; ah! Ka-Shaw en est fâchée
pour ce pauvre Mallet!

— Misérable! avoue ton crime! reprit le
Maître hors de lui.

— Mallet est ivre, répondit froidement l'Indienne, plus impassible que le bronze.

— Que la foudre t'écrase ! hurla l'autre en la secouant avec violence.

— Prends garde, Mallet ! Une fille des Omahas n'oublie rien ! dit Ka-Shaw avec un calme sinistre.

— Omahas ! traîtres ! voleurs ! assassins ! voilà ce que vous êtes !....

Il n'avait pas fini, qu'un éclair brilla aux mains de l'Indienne et s'abattit sur l'épaule du Maître : le sang coula aussitôt d'une large blessure. Mais, avec une énergie doublée par la colère et le sentiment du danger, Mallet se dégagea des étreintes de la squaw, lui arracha son couteau et le lui plongea dans la poitrine. Elle poussa un cri rauque et tomba raide morte en l'entraînant dans sa chute. Tout cela s'était passé avec la rapidité de l'éclair.

— Pauvre femme ! murmura Mallet en se relevant sur un genou et contemplant sa victime, je crois en vérité que je l'ai tuée.

Cette sanglante scène, toute rapide qu'elle eût été, fit rassembler autour des combattants le personnel entier du comptoir : les Blancs n'osèrent rien dire, car ils avaient peur du *Maître*; d'ailleurs Ka-Shaw était détestée à cause de son caractère insolent et emporté. Les Indiens seuls se répandirent en murmures menaçants.

— Je ne puis prendre beaucoup de temps pour me soigner, dit Mallet au médecin aussitôt appelé pour penser sa blessure : il faut que j'aille à Réserve expliquer cette affaire aux Indiens, ou bien ils seront enragés pour avoir mon scalp.

— Et vous ne feriez pas mal de porter avec vous quelques centaines de dollars.... cela ne serait pas sans influence sur le sentiment national des Indiens.

— Mon Dieu oui! voilà une affaire qui me coûtera cher. Je suis fâché d'avoir tué cette squaw, car je n'aime pas le sang ; pourtant il est certain qu'elle avait empoisonné la petite Newcome, et, voyant qu'elle en est réchappée, la Sauvage aurait fort bien pu s'attaquer à moi. De par tous les Diables! comme dit Wyman, il faudra que je plante là cette existence Indienne; j'en ai assez.

Telle fut l'oraison funèbre de Ka-Shaw, et la moralité de ce drame.

CHAPITRE XI

L'HISTOIRE D'UNE NUIT

Deux mois s'étaient écoulés, Alice était toujours chez les époux Wyman. Sa convalescence avait été longue et chancelante ; le médecin l'avait déclaré incapable de supporter la vie de pension. Néanmoins les projets de Mallet n'avaient nullement changé ; et, sous prétexte de lui faire un trousseau, il transformait journellement le parloir de mistress Wyman en un bazar encombré d'étoffes, de soieries et de somptueux colifichets destinés à la toilette.

Mais la jeune fille était loin d'accorder à ces charmants objets l'attention joyeuse qu'ils semblaient mériter. Aux interjections admiratives mistress de Wyman elle ne répondait que par un

triste sourire de complaisance : sa jeunesse et sa
gaîté semblaient s'être évanouies ensemble.

Un jour elle annonça à mistress Wyman son
désir d'aller visiter l'ancienne demeure paternelle, au *Claim;* et sur l'offre faite par la bonne
femme de l'y accompagner, elle manifesta l'intention formelle de s'y rendre seule.

Ce ne fût pas sans l'accabler de mille recom-
mandations que l'excellente femme la laissa partir ; mais il fallut en revanche promettre un très-
prompt retour.

Lorsque, après avoir gagné le bord de la rivière,
elle se trouva au milieu de la solitude solennelle
de la prairie, ces mille pensées tumultueuses
assaillirent son esprit : le souvenir du jour terrible, — de la scène sanglante — dont le théâtre
était sous ses yeux ; le souvenir des événements
sombres qui s'étaient succédés depuis lors ; le
souvenir aimé et redouté à la fois de *celui* qui
s'était montré son seul, vrai, loyal ami ; et toute
une légion de rêveries amères, anxieuses, déso-
lées, vinrent tourbillonner dans sa tête, l'enve-
loppant, l'inondant comme un brouillard par
une journée sans soleil.

Elle marchait ainsi, le long des flots murmu-

rants, sans voir un canot qui se glissait sous les
ronces du rivage, sans s'apercevoir que des yeux
étincelants suivaient ses pas.

Tout à coup une ombre, descendant de la colline, s'approcha d'elle, une voix bien connue la
fit tressaillir en prononçant son nom.

— Quel bon génie vous amène dans ces parages, chère Alice? demanda Allen.

Alice éprouva une commotion mêlée de joie et
de douleur :

— Je vais revoir encore une fois la maison,
répondit-elle d'une voix tremblante.

— Vous êtes encore si faible! je vous vois
chanceler ! Mais aussi vous commettez une im-
prudence en venant seule par ici. Songez donc que
ces déserts sont infestés de bandits qui seraient
fort dangereux pour vous. Tenez, justement, je
cherche vainement mon cheval depuis ce matin; il a disparu d'une façon inexplicable : je
soupçonne la présence de quelques effrontés mal-
faiteurs. Marchons ensemble, et causons de
bonne amitié; ces bosquets verts, cette prairie
en fleur, seront pour nous un paradis ter-
restre.

Alice ne pouvait refuser ; et tous deux accomplirent le pèlerinage qu'elle projetait, babillant, rêvant tout éveillés, oublieux du passé et de l'avenir.

Les heures passèrent rapides et heureuses, il fallut l'ombre naissante pour les faire songer au retour.

Lorsqu'ils furent en vue du sentier bordant le fleuve, Alice poussa un cri:

— Oh! j'aperçois un homme qui marche furtivement dans le bois!

— Où donc?

— Dans le ravin qui descend à la rivière; voyez-vous?

— Ah oui! mais n'ayez aucune frayeur, il ne peut nous découvrir à travers les feuillages. Mais... Grand Dieu! poursuivit le jeune homme après quelques instants d'examen; je connais cet homme, Alice! c'est celui qui devrait être à la place de votre père.

Une émotion terrible s'empara d'Allen; son front se couvrit de gouttes de sueur.

— Vous sentez-vous capable d'un acte de bravoure, chère amie? Voulez-vous m'aider à m'emparer de ce bandit? Oh! ne me regardez pas avec ces yeux effrayés! Vous ne courrez aucun risque : je mourrais plutôt que de hasarder un seul de vos cheveux.

— Mais vous ? murmura-t-elle ; seul et sans armes ?

— Je saurai bien en venir à bout, soyez tranquille. Le voilà qui arrive par ici, dit Allen en suivant de l'œil les allures de l'ennemi : s'il me voit il sera troublé et battra en retraite ; si, au contraire, il n'aperçoit que vous, rien ne l'inquiètera. Et maintenant, chérie, si vous pouvez prendre sur vous d'affronter cette aventure, votre père est sauvé. Voulez-vous ?

Alice fit un léger signe de consentement ; le temps pressait ; Allen ne pût que lui presser la main en forme d'encouragement, puis il se cacha dans un gros tronc d'arbre creux.

La jeune fille se mit à marcher tout doucement, tournant le dos à Ed (car c'était lui), et feignant de se diriger vers la cabane de son père.

Le rôdeur ne tarda pas à apercevoir le blanc vêtement d'Alice qui flottait au gré du vent.

— Oh ! oh ! dit-il ; le jeune oiseau vient voltiger près du nid, pendant que le vieux est en cage. Ce sera peut-être une médiocre récréa-

tion pour elle et pour moi de nous rencontrer. Mais, que diable vient-elle faire par ici? et
moi aussi donc, qui m'a poussé par là? C'est bizarre... Quoi qu'il en soit, elle est furieusement
jolie pour la fille d'un assassin. Oh! oh! oh! c'est
bizarre!

Et il fit entendre un ricanement sinistre. A ce
moment il était précisement en face de la cachette
d'Allen : et il s'arrêta quelques instants, irrésolu
et près de retourner sur ses pas.

— Eh mais! il faut se méfier... reprit-il; Squire
pourrait bien être à la recherche de son cheval,
aujourd'hui. Je ne sais pas s'il prend en bonne part
ce genre de plaisanterie? Tiens, voilà encore la
petite Newcome... Bah! je vais la rejoindre et
faire avec elle un petit bout de conversation;
elle ne me reconnaîtra pas.

— Mais je te reconnais, moi! s'écria une voix
forte à ses oreilles.

En même temps les mains vigoureuses d'Allen le serraient comme dans un étau et le con-
tenaient dans une invincible étreinte, malgré sa
furieuse défense. Dans la lutte, tous deux roulèrent par terre, mais Allen sut garder l'avantage et réussit à lui arracher ses armes.

Cependant, Ed, — ou pour lui donner son vrai nom, Joë Carnes, le fameux voleur de chevaux, — se débattait avec une violence désespérée, et si Allen n'eût été d'une force bien supérieure, l'issue du combat aurait été douteuse.

— Aidez-moi, Alice! s'écria-t-il haletant; par ici! roulez ce lien autour de ses bras: bon! serrez fort! plus fort encore! un bon nœud maintenant! Employez toutes vos forces!

La jeune fille obéit avec l'énergie que lui inspirait le sentiment du danger; l'ardeur de ses propres efforts augmentait sa vigueur; ses petites mains ne tremblèrent plus, elle réussit à lier fortement le prisonnier.

Ce dernier, en se voyant vaincu, changea de visage: l'expression de rage et de férocité empreinte sur ses traits disparut pour faire place à un air sarcastique.

— Il est rare pour un homme d'avoir un tel honneur! dit-il; certes, c'est beau d'être fait prisonnier par une jolie fille! Squire, je vous dois beaucoup... et un de ces jours, nous réglerons notre compte ensemble! Mais envers vous, miss Newcome, je ne pourrai jamais m'acquitter convenablement!

— Combien j'ai à vous remercier, courageuse amie! lui dit Allen en se relevant ; mais je crains d'avoir abusé de votre dévouement, car vous me semblez vraiment épuisée de crainte et d'horreur. Cependant, il faut en finir avec cet homme : je vous propose de rester encore quelques instants à le garder ici, pendant que je cours chercher le constable.

— Oh! pour l'amour de Dieu! ne me laissez pas seule! s'écria Alice avec terreur.

— Réellement, je crois que c'est le meilleur parti : voici la nuit qui approche, il faut se hâter. Je franchirai plus vite que vous ne pourriez le faire la distance qui nous sépare du village, je serai promptement de retour. Pendant mon absence, vous n'avez rien à craindre, cet homme est lié de façon à ne pouvoir se détacher.

— Mais s'il avait des camarades cachés dans les environs.

— Je ne le pense pas : ils seraient déjà là. A tout hasard, prenez ce couteau et ces pistolets, ils sont chargés et vous savez en faire usage s'il le fallait. Voyons! voulez-vous?

— Je resterai, dit Alice sans pouvoir réprimer un frisson.

— Bien ! merci ! courageuse enfant ! Soyez sans inquiétude ; dans quelques instants je serai là. Et vous, prenez-garde, ajouta-t-il en s'adressant à Carnes ; au premier mouvement, miss Newcone a l'ordre — oui l'ordre — de faire feu sur vous.

Et Allen partit en courant.

— Ce sera vraiment un bonheur de mourir d'une aussi jolie main, grommela le prisonnier, lorsque son adversaire fut à distance. Miss Newcome, vous m'obligerez prodigieusement en m'envoyant une balle dans la tête ; elle est suspendue d'une façon intolérable.

— Je vais lui donner mon schall pour appui, répliqua la jeune fille en lui procurant de son mieux le soulagement désiré.

Joë Carnes la regarda faire avec une expression bizarre de surprise et de raillerie.

— Vous avez donc pitié de moi ?

— Je remplis un devoir en vous épargnant des souffrances.

— Le prisonnier resta pendant quelques instants en silence, la regardant fixément.

— Savez-vous pour qu'elle raison je suis ainsi traité ? lui demanda-t-il.

— Ne me faites aucune question, car je n'ai pas à causer avec vous, répondit-elle sérieusement.

— Si votre père avait été aussi discret que vous, il ne serait pas dans l'embarras où il se trouve, répliqua l'autre avec une expression malveillante.

Voyant qu'elle ne répondait rien, il continua à se parler à lui-même, tout en se débattant sur le sol.

— Une damnée situation pour un gentleman! Hé! jeune fille! si j'appelais un ami à mon aide, que feriez-vous?

— Je vous tirerais un coup de pistolet, sûrement!

En parlant ainsi, la pauvre enfant se sentait mourir d'effroi.

— Il va pleuvoir: observa-t-il après quelques instants de silence; j'ai senti une goutte d'eau sur le visage. Vous feriez bien de vous sauver jusqu'à la maison, en me laissant là: assurément je ne pourrai m'évader. Mon seul regret sera de ne point vous servir d'escorte.

En effet, le jour s'assombrissait; d'épais et lourds nuages roulaient menaçants dans le ciel, et s'abattaient sur les bois. Un frisson sourd grondait dans l'air et sur la terre; la nuit se faisait, précédant l'orage.

— Miss Newcone! dit Carnes, après un long silence. J'ai là-bas un canot caché sous les broussailles, coupez mes liens, laissez-moi fuir. Je vous garderai une reconnaissance éternelle, et je sauverai votre père. Je vous le jure! Répondez-moi...

Avant qu'Alice eût parlé, un craquement immense déchira l'air, accompagné d'éblouissantes lueurs; les arbres s'entrechoquèrent sous le souffle de l'ouragan comme des géants en bataille. Puis il se fit un silence effrayant, sépulcral. Mais ce moment de repos dura à peine quelques secondes; une avalanche d'éclairs, de détonations foudroyantes, de tourbillons furieux ébranla la nature entière, et la pluie se mit à tomber par torrents.

Quoique fort près l'un de l'autre, Alice et le prisonnier ne pouvaient s'apercevoir, tant l'obscurité était profonde. La jeune fille toute ruisselante d'eau, continuait à tenir machinalement le pistolet d'une main, le couteau de l'autre, n'ayant plus la conscience de ses actions.

Le vent arriva à un degré de violence tel,
que les grands arbres ployèrent comme des ro-
seaux, et la terre se couvrit d'énormes branches
fracassées qui volaient comme des brins de paille
devant la tempête.

Un grand bruit, tout proche, annonça à la
jeune fille qu'un arbre venait de tomber à proximité : en même temps surgirent des hurlements
horribles.

— J'ai un bras cassé ! vociférait Carnes ; vous
êtes donc aussi un bourreau, vous, fille d'assassin ! puisque vous n'essayez même pas de me
soulager en relâchant mes liens !

Alice, demi-morte d'épouvante, d'horreur, de
froid, chercha à tâtons le prisonnier, ne rencontrant que des branchages aigus qui déchiraient
ses mains et son visage ; s'enchevêtrant dans les
ronces avec ses vêtements inondés ; perdant,
l'un après l'autre, les pistolets et le couteau.

— Mon Dieu ! mon Dieu ! sanglota-t-elle ;
Allen ne reviendra donc jamais.

Cependant Carnes hurlait toujours ; c'était une
scène terrifiante que ce mélange d'éclairs, d'ombres, de tonnerre, de plaintes, de blasphèmes,
d'averses ruisselantes, de rafales échevelées !

Aux clartés fulgurantes qui l'éblouissaient par intervalles, Alice distingua le prisonnier à moitié enseveli sous les branches, formidables débris d'un arbre gigantesque abattu par la foudre.

Elle s'épuisa en vains efforts pour relâcher les liens de Carnes, et lui procurer quelque soulagement : à peine pût-elle se dégager des lianes épineuses qui s'enlaçaient comme des serpents autour de son corps meurtri.

Enfin, épuisée, éperdue, elle tomba sans forces dans le sol fangeux et attendit avec une muette résignation.

Au bout de quelques instants elle entendit un bruit de voix, et des pas furtifs résonnèrent parmi les branchages ; puis, d'horribles hurlements retentirent à ses oreilles, et des mains brutales la saisirent par les cheveux.

Hélas ! c'étaient les amis du prisonnier, et au lieu d'aide, le sort désastreux lui envoyait de nouvelles angoisses.

Un cri suprême, désespéré, surhumain, s'échappa de sa poitrine, et, perçant le fracas de la tempête, alla se répercuter dans les bois ; la voix d'Aïlen lui répondit.

Alors, sur quelques rapides observations du prisonnier, toute la bande s'enfuit, laissant Alice étendue dans la boue. Joë Carnes, délivré de ses liens, n'avait plus le bras cassé !

Quelques secondes plus tard arrivait Allen baigné de sueur et de pluie, fangeux, à peine reconnaissable ; aveuglé par l'orage, il avait fait fausse route pendant quelques instants.

— Oh ! pauvre chère enfant ! s'écria-t-il en la relevant avec tendresse, je ne me pardonnerai jamais l'épreuve que vous venez de subir ! n'êtes-vous pas blessée ?

— Non, murmura Alice, mais j'ai cru que je mourrais de peur ! Êtes-vous seul ?

— Wyman arrive avec une voiture, je l'ai devancé. Le prisonnier ?

— Ses partisans sont venus, l'ont délivré et se sont enfuis avec lui.

Allen se frappa le front avec rage :

— Misérable lâche que je suis ! je vous ai abandonnée ainsi aux outrages de la tempête et des bandits !... j'ai déserté mon poste d'honneur et de conscience ; j'ai laissé échapper le salut de votre père ; ah ! je suis pour moi-même un objet d'horreur !

— *Le fait est*, observa *une voix sévère* inter-
venant dans la conversation, le fait est que vous
lui aviez confié une terrible mission. De par
tous les diables !... je veux dire, n'ayez pas peur,
chère miss Newcone ! Est-ce qu'on abandonne
ainsi une enfant dans les bois ?

Allen se tordit les mains avec un tel désespoir
qu'Alice s'empressa de le consoler.

— Non, mes chers amis, ce ne sera rien ! tout
est passé maintenant; voilà le bleu du ciel qui
reparaît. M. Allen ne pouvait se douter de l'affreux orage qui devait survenir.

— Et le prisonnier ? demanda Wyman en cherchant autour de lui.

— Évadé ! murmura Allen d'une voix étranglée.

— Bon ! De par tous les diables ! il ne manquait plus que çà ! vous avez fait du bel *ouvrage*
ce soir, M. Allen!

— Oh mais! je le retrouverai ! fit celui-ci en
serrant les poings.

— Dieu le veuille! reprit Wyman avec découragement ; enfin, nous verrons cela plus tard ;
pour le moment, occupons-nous d'emmener cette
enfant en lieu sûr : je vais chercher la voiture
que j'ai laissée à quelques pas.

Le constable s'éloigna en toute hâte, mais au bout de quelques instants on entendit ses excla-mations entrecoupées de jurons énergiques.

— De par tous les diables ! où sont donc les chevaux? Est-ce que les damnés coquins auraient osé... Ah ! c'est trop fort ! il n'y a plus ni voiture ni attelage !

Et il revint, toujours cherchant, toujours grom-melant :

— Les voleurs Rouges les ont enlevés, s'écria Allen au retour de Wyman et quand je songe que tout-à-l'heure nous tenions leur chef solide-ment garrotté !... Ah! c'est à devenir fou !

— Écoutez, mon pauvre Allen, dit Wyman, ce n'est pas le moment de se lamenter ; il faut agir : vous voyez, continua-t-il en montrant Alice qui chancelait, vous voyez que le plus pressé est de trouver un lieu de repos et un peu de chaleur pour cette malheureuse enfant épuisée de froid et de fatigue. Conduisez-la au *claim* de son père qui est proche; portez-la si elle ne peut marcher; de par tous les diables ! hâtez-vous; moi, je vais courir au village pour réclamer des secours et prescrire des recherches au sujet des chevaux et de la voiture.

Allen chargé de son précieux fardeau, — car Alice ne pouvait plus se soutenir — courut rapidement jusqu'à la cabane de Newcome où il alluma un grand feu pendant que la jeune fille se jetait dans son lit, après s'être débarrassée de ses vêtements glacés.

Lorsque le brasier fut bien chaud, et qu'Alice, du fond de sa petite chambre, eût donné avis qu'Allen pouvait en ouvrir les portes, le lit fût roulé jusqu'auprès de la cheminée. Bientôt, sous la bienfaisante influence de la chaleur dont elle avait un si grand besoin, la jeune fille s'endormit d'un profond sommeil.

Allen passa la nuit sur une chaise, veillant, entretenant le feu, et repassant dans son esprit les événements étranges qui venaient de se succéder.

CHAPITRE XII

UN REPAIRE DE BANDITS

Au début de l'orage, une caravane de géomètres du gouvernement, pris au dépourvu en rase
campagne, et n'ayant pas le temps de regagner
leur campement, avait cherché refuge dans une
espèce de hutte misérable au bord de la rivière
Papillon.

La porte en était fermée :

— Voyons ! qu'on frappe vivement là ! dit
quelqu'un de la troupe ; et voyons un peu ce
qu'il y a dans cette bicoque.

— Frapper ! mais il y a un quart d'heure que
je ne fais pas autre chose ! répondit une voix.
Personne ne répond ; enfonçons la porte. Mais on
n'y voit rien ; mes allumettes ne brûlent pas,

elles sont mouillées, je pense. Où donc est Flag ? il a une boîte de *chimiques allemandes*.

La porte enfoncée, Flag éclaira une petite allumette bougie dont la lueur fugitive rendit visibles des murs nus et des fenêtres sans volets.

— Cap'taine ! s'écria une voix ; encore un peu de feu ! j'ai cru apercevoir dans un coin quelque chose qui ressemble à des provisions de bouche.

— Ah ! Dieu le veuille ! répondit Flag, car je suis plus affamé que deux loups. — Oui ! çà doit se manger, ajouta-t-il en promenant à la découverte une nouvelle allumette ; mais comment faire, en l'absence de toute lumière ?

— Bah ! répondit quelqu'un, je trouverai parfaitement, sans chandelle, le chemin de ma bouche.

— Hurrah ! voici une lanterne ! je l'ai aperçue aux dernières lueurs de votre *chimique* ; encore une allumette, cap'taine Flag !

La lanterne allumée, on s'assit gravement par terre, et on procéda à l'examen des victuailles.

— Oh ! oh ! bœuf froid ; venaison grillée ; pain ; fromage ; bière. Voilà ce que j'appelle un splendide *en-cas*. Parole d'honneur ! le gaillard qui niche dans ce claim n'est pas un sot! Qui, diable, est-ce que ça peut être ?

— Ma foi! c'est un bon drille! je bois à sa santé.

— Un autre toast au Flag (drapeau) de notre société! Erin! la verte Erin pour toujours! comme dit l'orateur irlandais de Cincinnati.

— Mes garçons! dit Flag après quelques instants de réflexions, je vous remercie bien sincèrement et vous souhaite en retour de vivre heureux trois fois plus longtemps que Mathusalem ; mais, au lieu du *speech* que j'aurais pu vous débiter, je vais vous faire une communication intéressante. — Mon opinion est que nous avons eu la chance de tomber sur une cahutte de voleurs de chevaux ; car le propriétaire de ce claim habite New-York et je suis certain qu'il n'est pas venu par ici cette année.

— Oh! oh! ça va bien, cap'taine. J'espère que nous allons les voir arriver pendant notre souper. C'est égal! ils feront une drôle de figure en s'apercevant que nous tirons si bon parti de leurs provisions.

— Oui, ce serait charmant si nous étions bien armés, et s'il y avait parmi ces rôdeurs certain individu de ma connaissance.

— De votre connaissance?... Excusez! cap'-
taine, vous avez de belles relations!

— Peuh! cela dépend... un de ces gredins a
tué mon ami Doc. Je donnerais mille dollars
pour mettre la main sur ce bandit.

— Mais alors, vous voulez parler de l'affaire
dans laquelle Newcome est compromis?

— Précisément; Allen partage mon opinion :
il considère cet homme comme innocent.

— Ah! Et pourquoi n'avez-vous rien dit ni rien
fait pour arriver au salut de l'un et à la punition
de l'autre?

— Les preuves nous ont manqué jusqu'ici;
mais nous ne laisserons pas échapper la première occasion qui se présentera.

La fureur de la tempête atteignit son apogée
en ce moment, et rendit toute conversation impossible. Les jeunes aventuriers se dédomma-
gèrent de leur silence forcé en dévorant à belles
dents jusqu'aux dernières miettes des provisions.
Ensuite ils s'étendirent côte à côte sur le sol pou-
dreux de la cabane, et, à défaut de sommeil, ils
goûtèrent un repos désiré.

Cependant, vers minuit, Flag, toujours en éveil,
ranima la vigilance de ses compagnons qui com-

mençaient à s'assoupir. Il venait de distinguer au travers des rafales un bruit de voix qui semblaient se rapprocher.

Comme toute clarté était éteinte au dedans comme au dehors, il était impossible de se renseigner autrement que par l'intermédiaire des oreilles. Les géomètres écoutèrent donc avec attention.

Évidemment trois individus s'approchaient : l'un d'eux faisait entendre des plaintes entremêlées de blasphèmes et de jurements horribles : les autres le consolaient de leur mieux, dans un langage tout aussi violemment coloré.

— Allons donc ! Jim ! damné animal ! allume la lanterne, butor infernal ! je vais encore tomber sur ces cailloux et me casser l'autre bras. Que toutes les malédictions de l'enfer écrasent ce chien de Squire ! je le tuerai aussi bien que l'autre dès que l'occasion se présentera ; il peut en être sûr.

— Entendez - vous ! chuchotta Flag ; c'est l'homme dont je vous parlais, amis ; je vais risquer ma vie pour m'emparer de lui : vous m'aiderez, j'espère. Nous sommes quatre, ils ne sont que trois ; qu'importe qu'ils soient armés, nous avons l'avantage du nombre. Attention ! écoutez bien mes ordres et ne faites rien sans moi.

Un des nouveaux venus mit la main sur le loquet : l'instrument, qui était en bois et gonflé par la pluie, résista ; la porte fut ébranlée mais ne s'ouvrit point.

D'ailleurs, elle avait de bonnes raisons pour rester fermée ; Flag la retenait vigoureusement.

Après avoir vainement essayé d'ouvrir, Jim recula avec humeur et dit :

— Ah ! mille tonnerres ! cet infernal loquet est ensorcelé, je ne peux le faire mouvoir. Essaie un peu, toi, Joë.

— Attention ! murmura Flag à ses camarades, voilà l'homme !

Effectivement, Carnes mettait la main au loquet : Flag avait cessé de se cramponner à la porte, elle s'ouvrit donc assez facilement.

— Tu vois, animal indigne de vivre ! dit Carnes à Jim ; n'ayant qu'un bras, j'ai réussi où tu as échoué, exécrable butor ! Allons ! brute ! gredin ! idiot ! prépare une allumette, je vais chercher la lanterne ; puisque tu es si stupide, tu la...

Il ne put achever, une couverture s'abattit sur sa tête et l'enveloppa entièrement ; des bras vi-

goureux le roulèrent par terre où il resta main
tenu sans pouvoir faire un mouvement. Toute
cette opération fut accomplie avec une célérité
et dans un silence tels que les deux camarades
de Carnes ne s'en aperçurent point : d'ailleurs la
pluie les aveuglait, et le fracas de la tempête les
assourdissait.

Au bout de quelques minutes d'attente, Jim
s'écria impatiemment :

— Eh donc ! Joë que fais-tu ? on ne s'amuse
pas ici !

— Je ne peux pas trouver la lanterne, répondit Flag en contrefaisant la voix de Carnes; cette
damnée pluie a percé le toit, et tout inondé là-
dedans. Arrivez vite pour m'éclairer avec des
allumettes.

Les deux bandits franchirent à tâtons le seuil
de la cabane, et furent reçus comme Joë, c'est-à-
dire qu'en un clin d'œil ils furent étroitement
enveloppés dans une couverture et soigneusement
garrottés.

Un assez long silence suivit, pendant lequel,
à défaut des yeux, les oreilles s'exerçaient avec
la plus extrême vigilance.

— Est-ce vous Flag ? demanda tout-à-coup Joë

qui avait réussi à sortir sa tête de la couverture.

— Je connais votre voix, vous devez vous souvenir de la mienne, répliqua séchement le jeune géomètre.

— Oh! oui, je la reconnais : reprit l'autre en étouffant un gémissement. Mais pourquoi employez-vous une telle violence à mon égard? C'est un vil métier que de s'embusquer ainsi la nuit pour attaquer un homme inoffensif. J'ai eu tout à l'heure le bras cassé par une branche d'arbre qui a failli m'assommer; essayez, je vous prie, de me faire un pansement, car je souffre comme un damné.

— Je ne m'entends point en chirurgie, répliqua Flag; d'ailleurs on n'y voit pas.

— Il y a une lanterne ici dans quelque coin.

— Je le sais, mais la chandelle est brûlée. D'ailleurs, Ed, alors même que j'aurais de la lumière, je ne saurais vous être d'aucune utilité: Votre heure est venue; à chacun son tour, apprenez-le. Je ne suis pas haineux; mais quand la voix du sang crie vengeance, je ne puis me dispenser de l'entendre. Vous avez été un démon parmi nous; aujourd'hui votre punition commence.

Carnes ne répondit que par un sourd gémissement qui se termina en imprécation.

— Si vous prenez ainsi les choses, vous allez épouvanter vos camarades, lui dit Flag ironiquement.

— Que la foudre écrase ces poltrons ! si j'avais eu mes deux bras, vous ne m'auriez pas pris vivant.

— Qu'est-ce qu'il dit donc là ? interrompit Jim : je pense qu'il était bien et dûment pris, ce soir, quoiqu'il eût ses deux bras... et par une fille, encore ! qui lui servait de garde-du-corps.

— Quelle fille ? quelle aventure ? demanda Flag curieusement.

— Eh ! la jolie fille de Newcome, répondit Jim avec complaisance.

— Retiens ta langue, Jim ! grommela Carnes.

— Je ne veux pas me taire. Si tu ne nous avais pas entraînés dans tes folies, nous ne serions pas pincés comme nous voilà.

Carnes murmura une réponse que personne ne pût comprendre. Flag demanda d'autres explications que le bandit s'empressa de lui fournir.

— C'était un bon tour, n'est-ce pas ? ajouta-t-il en terminant son récit, d'enlever le chariot et

les chevaux du bonhomme Wyman, là, à sa
barbe, on peut le dire ! Oui, ce sera peut-être le
dernier, mais le meilleur tour de ma vie. Maintenant que nous n'en pouvons rien faire, j'aime
autant vous dire où ils sont. Nous les avons cachés dans le petit bois qui est derrière la hutte
de Newcome. Ma foi ! les pauvres bêtes ont eu
beau temps pour changer de couleur, si leur
poil n'était pas *bon teint.*

Et le bandit s'arrêta pour rire à gorge déployée
de sa plaisanterie.

La nuit s'écoula lentement au milieu de propos
interrompus, d'exclamations et de blasphèmes
lancés par Joë lorsque ses douleurs devenaient
trop intolérables.

Au point du jour, les prisonniers, solidement
liés ensemble, furent emmenés à Fairview et
remis aux mains des autorités judiciaires, pour
être traités suivant leurs mérites.

Décidément Joë n'avait pas de chance, suivant
l'expression de Jim.

CHAPITRE XIII

JUSTICE DE DIEU; JUSTICE DES HOMMES

Mistress Wyman était dans la plus grande consternation. Depuis un grand jour et une nuit entière son mari n'avait pas reparu. — Alice n'avait pas reparu. — Allen n'avait pas reparu !

Ajoutons que, pendant l'orage, la bonne dame avait été dans des transes atroces ; car elle craignait particulièrement le tonnerre, les éclairs, le vent, la pluie, et tout ce qui ressemblait à un orage. De telle façon, qu'aux premiers indices de tempête, elle s'était empressée de fermer à double tour, portes, volets et fenêtres, et de baisser tous les rideaux. La maison, alors, se trouvait à l'état de chambre obscure au grand complet; mais le résultat obtenu n'était guère en rapport avec cette

laborieuse préparation : en effet, le plus petit
éclair brillait d'une façon fulgurante dans cette
ombre factice additionné des obscurités exté-
rieures ; chaque porte, serrée sur ses gonds, ré-
répondait comme une grosse caisse aux détonations de la foudre ; en un mot, l'arrangement
lugubre de toute la maison était fait pour tripler
les frayeurs de la tremblante ménagère.

Par une coïncidence malheureuse, la fureur
de l'ouragan se porta surtout au village de Fairview ; les éclats du tonnerre s'y multipliaient
avec le fracas d'une canonnade furieuse ; le feu
du ciel tomba même sur la maison du shériff et
l'embrasa tout entière.

Au craquement affreux qui se produisit alors,
mistress Wyman tomba la face dans un oreiller
et y demeura à moitié morte de terreur, le nez
dans la plume, les mains sur les oreilles, jusqu'à ce qu'un nouvel éclat faisant trembler tout
son logement, l'obligeât à quitter cette position
asphyxiante et à s'envelopper dans un grand
rideau.

Réellement, la pauvre mistress Wyman passa
une nuit bien malheureuse ! Se coucher ! dormir !... impossible d'y songer ! — Encore si elle

avait eu auprès d'elle, Alice, pour partager ses
terreurs!... mais non! personne! — Alors l'imagination de la brave dame partit pour les régions
fantastiques, et Dieu sait quelles hallucinations
la tourmentèrent pendant qu'elle trottinait de
long en large dans sa chambre.

... Silas était mort!... sans doute! ou, tué par
la foudre, ou noyé par la pluie, ou poignardé par
les bandits qui ne sortent qu'en de pareils moments! — Et Alice!... noyée, brûlée, massacrée,
enlevée!... Mais... comment savoir ?... peut-être
Silas se serait enfui avec elle!... horreur! il serait devenu ravisseur et infidèle!... fuite dans les
bois! duel avec Allen! Ka-Shaw, un poignard
d'une main, le poison de l'autre! Mallet à cheval,
armé de fusils! Indiens! Sauvages! voleurs!
vampires! revenants! Newcome assassin! Edwards fusillé! visions! tombeaux! vallée de Jo-
saphat! jugement dernier! trompette des Anges
de la mort! bouleversements suprêmes! fin du
monde!! Tous les fantômes, toutes les terreurs
vinrent exécuter une danse macabre autour de
la pauvre mistress Wyman, pendant que l'orage
accompagnait ces rondes infernales de son or-
chestre foudroyant.

Elle suivait mentalement une procession de squelettes portant en guise de cierges leurs doigts allumés, lorsqu'on frappa à sa porte en l'appelant par son nom. Elle courut ouvrir la porte, persuadée que ce visiteur inattendu était, pour le moins, un des quatre anges de l'Apocalypse: c'était Allen! la réaction fut aussi prompte qu'heureuse.

— Bonjour mistress Wyman, lui dit-il d'un air riant! vous n'êtes pas matinale aujourd'hui? ah! j'y songe; l'orage vous aura empêchée de dormir?

— Oui; c'est que... précisément... j'ai été bien tourmentée. Je suis bien heureuse de vous voir M. Allen, car j'étais dans une inquiétude mortelle. Mon mari?... en avez-vous quelques nouvelles? Alice?... qu'est-elle devenue?... voici près de vingt-quatre heures que je n'ai vu personne.

— Rassurez-vous, ma bonne mistress Wyman; tout est pour le mieux. J'ai laissé votre mari en parfaite santé; il en est de même pour Alice, quoiqu'elle ait eu à supporter cet affreux orage qui l'a transpercée jusqu'aux os.

— Oh Seigneur! racontez-moi donc cela.

Allen lui fit un récit rapide de tous les événe-

ments accomplis dans cette nuit mémorable,
et termina en la priant d'aller rejoindre miss
Newcome avec des vêtements secs.

— Oh! la pauvrette! j'y cours! j'y vole! — Et
Silas est-il revenu avec son wagon?

— Il court après lui, mistress Wyman; mais
une autre voiture nous attend pour nous transporter au claim, et en ramener Alice.

Cinq minutes après la bonne dame s'embar-
quait avec une profusion d'habits et de linges, et
Allen la conduisait au grand galop vers le claim.

Mistress Wyman trouva la jeune fille encore
endormie, elle la réveilla en l'embrassant tendrement : Alice la reçut avec un joyeux sourire.

— Non! répondit-elle à ses questions inquiètes,
je ne me ressens en aucune façon des fatigues
d'hier; j'ai si bien dormi : j'ai fait un si beau
rêve!

— Vous allez me dire cela en vous habillant.

— Bien volontiers. J'ai revu mon père, en dormant : il s'était réconcilié avec moi. Nous étions
revenus vivre dans cette maison; mais tout y
était brillant et confortable. Nous étions heureux.
Mon père me recommandait la sagesse et l'obéissance : il a posé ses mains sur ma tête, par un

mouvement plein de bonté, et m'a dit avec un
sourire affectueux : « Sois toujours douce, bonne
et sage, ma fille ! sois toujours soumise ! » Puis
mon rêve a disparu : n'est-ce pas qu'il est beau ?

— Oui, ma petite ; répondit mistress Wyman
en l'aidant à sa toilette ; il y a de quoi réjouir
vraiment ! je pense que c'est un heureux présage.
Ah ! maintenant que vous avez fini, allons rejoindre M. Allen. Nous prendrons une goutte du
bon café que j'ai apporté tout chaud ; nous partirons ensuite.

— Allons ! dit Alice avec un bond de joie.

Et, légère comme une gazelle, elle courut dans
la pièce voisine où Allen était resté.

— Bonjour ! bonjour ! M. Allen, lui dit-elle
avec une folâtrerie d'enfant ; voyez-vous comme
je suis courageuse ? il ne me reste plus aucune
mémoire de nos fatigues d'hier ; plus rien ! ah !
c'est que j'ai si bien dormi ! j'ai fait un si beau
rêve ! N'est-ce pas, maman Wyman.

— Oui, chère enfant, oui c'est bon signe, à mon
avis. Figurez-vous, M. Allen, qu'elle a rêvé de
son père ; il avait l'air réconcilié avec elle. C'est
ce qui la rend si heureuse. Moi, j'espère que ça
deviendra une réalité.

11.

Allen ne put dissimuler un subit tressaillement :

— Je le crois aussi... dit-il avec une hésitation
chagrine; dans le royaume des Esprits, les âmes
doivent penser autrement et mieux que sur cette
terre.

— Que voulez-vous dire?... que signifie votre
tristesse?... demandèrent les deux femmes en
pâlissant.

— M. Newcome n'est plus de ce monde : répliqua Allen d'une voix grave.

— Ah! mon père! pauvre père! s'écria la jeune
fille, étouffant ses sanglots. Parlez! M. Allen,
poursuivit-elle en se raidissant contre la douleur;
dites-moi tout...!

— Dieu lui a envoyé un messager de mort, dit
le jeune homme; la foudre a frappé la maison du
shériff, dans laquelle M. Newcome était prisonnier.
Le shériff et sa famille n'ont pu qu'à grand'peine
s'échapper du milieu des flammes, car, à l'instant
même, tout l'édifice a été embrasé. — J'arrivais à
ce moment; au milieu de la confusion et des bouleversements occasionnés par la tempête il a été
impossible de savoir ce qui s'est passé : mon
opinion c'est que le prisonnier a été frappé et

comme anéanti par le fluide électrique. Le premier choc passé, j'ai fait tous mes efforts pour pénétrer dans la maison en flammes et sauver le prisonnier. L'incendie n'avait pas encore atteint la porte de la chambre, j'ai cherché à l'ébranler pour l'ouvrir, en appelant M. Newcome à mon aide : aucune réponse ne s'est fait entendre ; il y avait dans cette pièce un silence de mort. A ce moment, les planchers se sont effondrés et la maison n'était plus qu'un monceau de ruines ; tout espoir a disparu, le sinistre était accompli.

Alice ne pût prononcer un mot ; elle ferma les yeux et se jeta dans les bras de mistress Wyman.

— Partons, dit l'excellente femme ; quittons ce lieu de lugubre mémoire, j'ai hâte de voir l'orpheline sous un toit ami où nous lui remplacerons sa famille perdue.

Et elle l'emporta comme un enfant jusqu'à la voiture qui partit aussitôt, conduite par Allen.

Arrivés à la porte du constable, nos voyageurs aperçurent sur la place publique une foule tumultueuse : après avoir déposé les deux femmes dans la maison, Allen courut s'informer de l'aventure nouvelle, présagée par ce rassemblement.

Aux premiers pas qu'il fit dans les groupes

quelqu'un l'appela ; il se trouva en face de son ami Flag.

— Ah ! ah ! cria ce dernier avec animation, nous avons pincé votre homme, et deux autres avec !

— Quel homme... ?

— Eh ! parbleu ! notre ex-camarade Ed, ou plutôt Joë Carnes. Je l'ai empoigné la nuit dernière d'une belle façon ! Venez un peu le voir, pendant que je vous raconterai cette mémorable aventure.

Allen le suivit avec force compliments, et écouta curieusement le récit de Flag.

— Il m'a fallu dire aux géomètres de ma société que ce Carnes était l'assassin présumé du pauvre Doc, continua Flag après avoir terminé son histoire ; sans cela ils n'auraient pas voulu m'aider à cette capture. Maintenant cela pourrait bien tourner à quelque désagrément : je soupçonne la foule d'avoir le projet de *lyncher* ces hommes séance tenante : on se propose de vous interpeller sur ce que vous pouvez savoir. Entendez donc, quel bruit ils font !

Allen fit le tour du chariot dans lequel étaient les prisonniers : ses yeux se croisèrent avec ceux de Carnes qui lui lança un regard audacieux tout plein de haine. Désirant éviter toute conversation avec ce bandit, le jeune homme prit place au milieu des groupes et se mit à répondre aux questions qui pleuvaient sur lui de toutes parts.

— Vous dites que cet homme a tué le docteur Edwards? demanda une sorte d'orateur qui pérorait depuis longtemps à perte d'haleine.

— C'est mon opinion, répondit Allen.

A ce moment s'éleva autour de lui un concert d'apostrophes et d'interrogations :

— Mais, vous avez été passablement dur pour Newcome !

— Comment ce garçon-là s'est-il trouvé parmi les meurtriers d'Edwards ?

— Saviez-vous quelque chose contre Carnes lorsque vous vous êtes interposé entre Newcome et les Lynchers ?

— Oui ! oui ! c'est un voleur de chevaux ! il n'y a pas de coquins pareils! C'est du gibier de potence.

— Qu'Allen s'explique, et dès que la chose sera éclaircie, nous trouverons un arbre et une corde ; ça évitera un dérangement à la justice. Il faut un exemple pour épouvanter toute cette canaille !

— Ah ! écoutons donc toute l'histoire !

— Newcome est mort en prison ; s'il est innocent il faut le venger !

— C'est ce que je me tue à dire : c'est bien le moins qu'on lui accorde ce dédommagement !

— Le plus sûr est toujours de pendre ces coquins-là : au moins ils ne reviennent plus !

— Ça n'empêche pas d'écouter l'accusation : il faut bien savoir pourquoi nous les pendrons.

— Bah ! si Allen ne veut pas parler, nous les pendrons tout de même ; il y a de quoi !

— Rien qu'à les voir on juge de ce qu'ils sont.

— A la corde ! tous trois ; à la corde ! il n'y a rien de meilleur !

Puis, mille autres propos semblables se croisèrent, le tumulte augmenta, et les cris : « Un speech ! un speech ! Allen ! des preuves ! Allen en avant ! » se firent entendre avec une telle force que le jeune homme se rendit aux désirs de la foule.

Il monta sur un tronc d'arbre renversé, et, de cette tribune improvisée, il raconta tout ce qu'il savait ; en même temps il énonça tous ses soupçons.

Il ne fut que trop éloquent et persuasif, car

avant qu'il eût fini son discours des cris forcenés
l'interrompirent :

— Assez! assez! à la corde, le scélérat! il l'a
bien mérité; à la corde!

— Non, mes amis! s'écria Allen; ce que vous
faites là est illégal et injuste : si je l'avais
pu prévoir, je ne vous aurais rien dit. Croyez-
moi; remettons ces gens-là aux mains de la justice et du jury.

— Nous sommes un jury suffisant, nous !

— J'aperçois parmi vous, reprit Allen, plusieurs personnes qui, l'autre jour, voulaient pendre Newcome : ne sont-elles pas bien aises aujourd'hui de l'avoir épargné? Je dois le croire,
car je veux bien supposer que vous ne faites pas
vos délices du métier de bourreau. D'ailleurs,
dans l'intérêt du malheureux Newcome, il faut
qu'on instruise régulièrement le procès de ces
accusés; par ce moyen, sera réhabilitée la mémoire d'un innocent.

— Mais il est impossible de trouver des charges
plus fortes, fit une voix impatiente.

— Je vous demande pardon; il n'y a aucune
certitude, car personne N'A VU cet homme commettre le crime !

— Je l'ai vu, moi ! s'écria Jim, l'un des prisonniers.

Ces paroles produisirent un effet électrique;
personne ne dit mot pendant près d'une minute.

Tout à coup le tumulte recommença plus fort
qu'auparavant; on se porta vers le chariot pour
voir et entendre ce nouveau témoin à charge : on
lui ordonna de parler.

Le hardi coquin ne se fit pas prier, car il espérait ainsi améliorer sa propre cause, en détournant l'attention sur l'autre.

— A l'époque du coup de feu, dit-il, Carnes
n'était pas encore le chef de notre bande, il venait
d'y être admis récemment. Le jour du meurtre
j'avais un rendez-vous avec lui pour préparer
une affaire superbe : j'arrivai un peu avant
l'heure, et je me couchai, pour me reposer, dans
un bosquet où l'on ne pouvait m'apercevoir.
Bientôt, je vis Carnes s'approcher en se glissant
d'arbre en arbre; il guettait deux jeunes gens
qui traversaient la clairière ; quand ils ont été
à bonne portée, il a fait feu, l'un d'eux est tombé.
Joë a aussitôt rechargé son fusil et je l'ai rejoint,
mais sans lui dire ce que j'avais vu... il en aurait
su autant que moi... Nous nous sommes ensuite

cachés dans un ravin jusqu'à ce que Newcome
ait été pris; puis, nous sommes allés sur les bords
de la Plaite, afin de vendre des poneys raflés
chez les Indiens Kansas.

Personne n'écouta ce récit avec plus d'attention
que Flag et Allen, car il jetait une vive lumière
sur leurs soupçons : ils trouvaient la pleine
confirmation d'un fait resté jusque-là mystérieux.

— N'avez-vous pas vu Newcome? demanda-t-
on.

— Oui, j'étais à moitié chemin entre lui et
Carnes. Je regardais attentivement ce dernier,
et, tout d'abord j'ai pensé qu'il en voulait à New
come : ce vieux bonhomme cheminait lentement,
son fusil sur l'épaule, secouant la tête d'un air
mécontent, et grommelant des mots que je n'ai
pu comprendre. Il tournait le dos aux jeunes
gens lorsque Carnes a lâché son coup de feu :
sur-le-champ Newcome a saisi son fusil pour se
mettre en état de défense; à ce moment son
arme est partie accidentellement, sans atteindre
personne. Sans doute Carnes a eu connaissance
de toutes les suites de cette affaire, car il m'a dit
plus tard que Newcome avait été arrêté à la suite

d'une querelle avec le docteur Edwards. Voilà tout ce que je sais.

— Cela est bien suffisant, observa Allen; mais pourquoi avez-vous souffert qu'un innocent fût arrêté et presque condamné?

— Ah, ma foi ! çà ne me regardait pas, reprit froidement le bandit; chacun pour soi, le diable pour tous ! D'ailleurs, je ne pouvais dénoncer mon camarade.

Les grognements de la foule recommencèrent avec plus de force que jamais; on eût dit les rugissements d'une Hydre à mille têtes. Quelques citoyens, amis de l'ordre et de la légalité, après de vains efforts pour apaiser cette effervescence, se retirèrent pour rentrer chez eux. Allen, aussi, voyant que les choses prenaient mauvaise tournure, et ne voulant pas être témoin des sanglantes opérations du Juge Lynch, se hâta de quitter le rassemblement et courût se barricader dans son bureau.

Livrée a ses instincts farouches, la foule organisa régulièrement son œuvre de mort; bientôt, au milieu des cris les plus désordonnés, retentirent ces exclamations impératives :

— Qu'on amène un barbier pour les raser !

— A-t-on apporté une corde ?

— Oui ! mais on craint qu'elle ne soit pas assez forte !,

— Qu'on n'oublie pas les pioches pour creuser leurs fosses !

Le spectacle devint hideux et horrible ; toutes ces têtes grimaçantes, échevelées, respirant la colère, composaient un pandemonium féroce : les uns frappaient l'un contre l'autre leurs poings serrés ; les autres, pâles d'une ivresse furieuse, roulaient des yeux hagards et étincelants ; d'autres, plus dangereux, ne disaient rien, mais travaillaient aux funèbres préparatifs avec une telle énergie qu'ils en étaient tout ruisselants de sueur.

Le lieu choisi pour l'exécution fût la place publique du village ; on installa la potence juste en face des ruines de la maison du shériff ; on planta le poteau auquel les patients devaient être liés lorsqu'on les fouetterait.

Le char contenant les trois criminels fut traîné à bras jusqu'au milieu de la place ; là on les fit descendre, on les livra au barbier pour être rasés, et on les rangea en ligne, les pieds dans une flaque d'eau, sans miséricorde.

Les deux compagnons de Carnes faisaient assez

bonne contenance, quoique leur mine fût piteuse :
mais Joë paraissait fort abattu et tremblait de
tous ses membres ; lorsqu'il vit approcher le
moment fatal, il ne put retenir ses pleurs, et se
mit à sanglotter convulsivement.

Ces marques de faiblesse touchèrent quelques
âmes sensibles, mais ce fut le très-petit nombre ;
la foule accabla le misérable de ses huées ; les
deux autres bandits, eux-mêmes, l'apostrophèrent
avec mépris.

L'opération du barbier finie, on rétira leurs
vestes aux condamnés, pour les laisser en manches
de chemise. Pour ôter la manche où était le bras
cassé de Joë, il fallut couper l'étoffe et le vêtement se trouva ainsi fort détérioré.

— Il n'y a pas de mal ! cria un des assistants ;
ce paletot ne lui servira plus !

Carnes se laissa tomber par terre et se répandit
en lamentations désespérées.

— Lâche ! lui dit Jim ; je te fouetterai moi-
même !

— Hurrah ! bien parlé ! cria la foule : ce garçon-
là mérite un verre de gin.

— Oui, il faut qu'il se réchauffe un peu avant
que son tour arrive !

— Gentlemen ! répondit modestement Jim, je n'ai pas parlé ainsi par amour-propre ; j'ai simplement dit ce que je pensais.

Carnes fut lié au poteau, le fouet fut remis à Jim, avec injonction de lui administrer quarante-neuf coups, frappés fort, à raison de deux par seconde.

Alors commença une scène épouvantable ; cris de douleur, hurlements, blasphèmes, menaces, railleries féroces, grognements de la foule se succédèrent comme une pluie d'orage ; ce fût une seconde édition de la tempête.

Carnes fut retiré du poteau, sanglant, évanoui, inerte : à sa place on mit son autre compagnon, Jim conservant ses fonctions temporaires de bourreau.

Le nouveau patient était un jeune homme d'assez bonne tournure, dónt le visage décomposé attestait les profondes angoisses : néanmoins il gardait une contenance ferme.

Quelques voix opinèrent pour la clémence :

— Gentlemen, dit Jim qui se donnait de l'importance, les sentiments bienveillants que vous manifestez sont parfaitement justes et honorables. Voici un pauvre innocent, — et il caressa de son fouet les épaules du malheureux. — Voici un jeune homme inexpérimenté que Carnes est allé débaucher,... enlever à sa vieille mère, sur les bords les plus lointains du Missouri ; je ne pourrais l'accuser d'une mauvaise action :... il ne mérite donc pas le dernier supplice. J'ose dire que vous ferez bonne justice en le renvoyant à ses affaires : il a réfléchi, je vous l'assure, et vous ne le rattraperez plus à se mêler de ce qui ne le regarde pas. Voilà mon opinion sur lui, elle est raisonnable, vous pouvez me croire.

Lorsque maître Jim eût fini son speech, l'assemblée entra en délibération ; pendant sa durée, le patient adressait à la foule des regards suppliants qui auraient attendri des rochers, et qui cherchaient à lire sur tous ces visages exaltés une lueur d'espérance. Après quelques moments d'attente il ne se trouva personne qui eut le courage de commander la fustigation ; il obtint la sympathie générale et fut mis en liberté avec injonction de disparaître au plus vite et de ne jamais remettre le pied sur le territoire de Nebraska.

Cet acte de clémence attendrit prodigieusement l'honnête Jim ; il versa un pleur ou deux en re-

gardant partir l'adolescent qui détalait de toute
la vitesse de ses jambes. Peut-être cette sensibilité s'appliquait un peu à lui-même : néanmoins il tint bon et ne demanda pas grâce.

Du reste, l'équitable assemblée ne faillit point
à ses principes en matière de justice distributive.
Trente coups de fouet, généreusement appliqués,
furent comptés sur les épaules de Jim. Disons
à sa gloire qu'il les reçut avec une impassibilité
digne d'une meilleure cause : quelques mau-
vaises langues prétendirent que son sang-froid
tenait à une grande habitude de pareilles aventures.

Quoiqu'il en soit, on lui intima l'ordre de vider
les lieux sans aucun retard, et on lui fit la promesse solennelle de le pendre s'il reparaissait
dans le pays.

Tout en reprenant philosophiquement ses habits, il fit ses adieux à la foule ; mais pour cela
il s'était prudemment éloigné de quelques pas.

— Gentlemen, dit-il, je vous exprime ma reconnaissance, vous m'avez traité encore mieux
que je ne le méritais ; car j'ai volé dans ce pays-ci
plus de chevaux que vous ne pourriez en élever
en cinq ans. En signe d'amitié je vais vous ap-

prendre où nous avons caché le bel alezan du
squire Allen. Il est attaché à un arbre, dans le
fourré, derrière le claim du moulin ; j'imagine
qu'il ne sera pas fâché de recevoir une mesure
de grain.

Ce dernier avis donné, Jim fit un salut dans le
genre noble, s'enfuit diligemment vers la rivière
et s'y jeta à la nage.

La foule reporta alors son attention sur Carnes
qui avait repris connaissance. Quelques motions
furent hasardées, tendant à le remettre aux mains
de la justice : mais le plus grand nombre rejeta
cet adoucissement, et opina pour une exécution
sommaire. Qu'était-il besoin de prendre tant de
ménagements avec un coquin pareil ? les voies les
plus expéditives seraient les meilleures!

L'exaltation féroce de la multitude se ralluma ;
les propos pacifiques ne servirent qu'à l'attiser ;
on eût dit de l'huile sur le feu.

Pourtant, quelques citoyens honnêtes firent de
vigoureuses représentations :

— C'est une honte! disait un médecin qui
s'était introduit jusqu'au premier rang ; oui,
une honte de maltraiter ainsi une créature hu-
maine en pareil état. Voyez ses blessures, son

bras cassé! vous ne pendrez pas cet homme, si je puis l'empêcher.

— Eh! il mourra plus facilement! répondit une voix railleuse.

— Malheureux! êtes-vous donc des sauvages, ou des bêtes fauves ? s'écria le médecin.

— Nous sommes des VENGEURS! hurla la foule.

Un des assistants touché de pitié coupa la corde et s'en alla.

— Bien! vociféra l'assemblée, s'il ne peut être pendu on le noiera! La rivière n'est pas loin.

Au même instant, Carnes fut enlevé par vingt bras robustes et porté vers le fleuve. Lorsqu'on fut arrivé à moitié chemin, on le déposa à terre et on le força de marcher jusqu'au rivage. Là on le jeta dans un mauvais bateau que douze nageurs poussèrent jusqu'au milieu du fleuve : puis ils le renversèrent par une brusque secousse et mirent ainsi fin à l'agonie du misérable.

Dès que son corps inanimé eût disparu sous les vagues, la foule poussa un formidable hurrah qui fit frissonner les bois d'alentour. Un écho humain répondit à cette clameur; il venait du rivage Iowa: Jim envoyait, en guise d'oraison funèbre, une dernière insulte à son complice.

CHAPITRE XIV

RÉAPPARITIONS

Mallet avait fait un voyage à Saint-Louis pour s'occuper d'affaires de commerce et aussi pour choisir la future pension d'Alice.

Il se considérait comme d'autant plus certain du succès de ses projets sur la jeune fille, que maintenant Newcome mort, lui, Mallet, restait seul maître et tuteur de l'intéressante pupille. En conséquence on avait recommencé de plus belle tous les préparatifs du trousseau; mistress Wyman était désormais dans les plus grandes occupations, elle ne rêvait que robes, lingerie, couture et broderies.

Plusieurs mois, écoulés paisiblement depuis les scènes violentes dont le récit précède, avaient

successivement calmé les douleurs d'Alice et
raffermi sa santé, en apportant à son âme un peu
d'oubli, ce baume infaillible du temps.

Si sa gaité juvénile et étourdie n'était pas re-
venue tout entière, si une mélancolie légère
avait laissé une teinte touchante sur son visage,
l'orpheline avait néanmoins repris ses bons et
joyeux sourires, ses fraîches couleurs ; sa beauté
était devenue accomplie, en même temps que son
caractère avait acquis la maturité que donnent
les épreuves.

Par une belle soirée d'octobre, elle prenait le
frais au clair de lune, devant la porte de la maison. Depuis quelques instants, seule et silencieuse, elle suivait la pente de ses rêveries qui
voltigeaient doucement du passé à l'avenir, ef-
fleurant dans leur course bien des êtres chers et
disparus.

Un léger bruit, une ombre auprès d'elle, la
firent tressaillir : elle leva les yeux et aperçut
Allen.

— Bonjour, chère Alice, dit le jeune homme.

— C'est vous, M. Allen ! je suis bien heureuse
de vous voir. Il y a bien longtemps que vous
n'aviez paru.

— Je n'étais point coupable d'oubli, chère ! Il a fallu d'impérieuses nécessités pour me retenir ainsi éloigné de vous.

Allen poussa un soupir et se pencha vers elle :

— Votre résolution est toujours la même, Alice?

— Mon devoir est d'obéir aux désirs de mon père.

— Mais, maintenant qu'il a quitté cette terre, n'êtes-vous pas dégagée des liens de l'obéissance, surtout lorsqu'elle tend à causer votre malheur? êtes-vous sûre, d'ailleurs, qu'aujourd'hui il persisterait dans ses volontés? qu'il s'opposerait à notre union?

— Un sentiment secret me dit que j'agis suivant ses intentions, répondit la jeune fille en soupirant à son tour d'une façon qui démentait un peu ses paroles.

Allen se prit la tête dans les mains avec un mouvement de désespoir :

— Très-chère Alice, dit-il d'un ton exalté, je crois inutile de faire assaut de paroles avec vous, car votre persistance inexplicable dans une résolution qui nous afflige tous deux, me paraît être une sorte de monomanie inquiétante. J'en attribue la cause aux épreuves que vous avez subies, aux défaillances de votre organisation trop impressionnable. Mais je ne puis supporter en silence de vous voir ainsi sacrifiée à une fausse et maladive interprétation de vos devoirs : il n'est pas un homme de cœur, Alice, qui ne pensât et n'agît comme moi : permettez-moi de vous le dire, si la noblesse et la pureté angélique de vos pensées excite mon admiration, votre résignation aveugle, fatale, excite ma pitié et me désole ! Pardonnez-moi, Alice, je n'ai pu me taire ! Ce que je viens de dire vous a-t-il paru excessif ?

— Non, M. Allen, répondit tristement Alice, vous ne m'avez ni surprise ni offensée. Je suis très-sensible à l'opinion d'autrui, et c'est là une de mes plus dures épreuves. Il ne me paraît pas étrange qu'on ne me comprenne pas. — Non, on ne me comprend pas.

— Vous croyez donc que je ne vous comprends pas, moi ? demanda Allen avec une certaine émotion.

— Cher M. Allen, il vous est impossible de savoir toutes les pensées d'une pauvre enfant comme moi : j'ai mes idées, mes opinions qui restent incomprises, ignorées par tout le monde, même par vous.

12.

— Dites-moi donc, jeune lady, les motifs du refus que vous opposez à ce gentleman, interrompit une voix grave mais bienveillante.

Les deux amoureux eurent un tressaillement de surprise et de confusion, en apercevant Mallet et un autre gentleman qu'Allen reconnut sur-le-champ quoiqu'il ne l'eût vu qu'une fois.

— Pardonnez ma brusque arrivée, miss Newcome, continua le nouveau venu. Excusez-moi M. Allen — c'est votre nom, je crois; — mais je remplis, à cette heure, une mission qui ne souffre aucun retard. M. Mallet pourra vous expliquer plus au long ce dont il s'agit; quant à moi, je me bornerai à vous dire que je viens prendre en main la tutelle de cette jeune personne et le débarrasser de cette charge.

Ici M. Mallet ne put réprimer une grimace de dépit.

— Ma nièce veut-elle accepter la protection de son oncle? poursuivit l'étranger en prenant affectueusement la main de la jeune fille.

— Oh! oui, je le déclare! dit vivement mistress Wyman qui, au bruit de ces voix nouvelles, intervenait avec une lampe.

— Comment allez-vous, madame? lui demanda
l'étranger. Vous ne m'avez pas oublié à ce que je
vois, bien que je vous aie apparu, puis, que j'aie
disparu d'une façon mystérieuse pour laquelle je
vous offre toutes mes excuses. Mais, comme dit
mademoiselle ma nièce, on a quelquefois des
raisons que tout le monde ne connaît point, ha!
ha!

— Veuillez vous asseoir, gentlemen, reprit
mistress Wyman : j'ignore votre nom, sir ; mais
je suis ravie de vous voir, puisque vous êtes un
ami d'Alice.

— Mon nom est Carleton, madame, — sir Deming Carleton dans mon pays, — Carleton tout
court, aux États-Unis. Je vous remercie, je m'as-
seoirai volontiers.

— Bonsoir, dit Allen, du seuil de la porte.

— Non, je vous demande pardon, je ne suis
point encore prêt à vous dire bonsoir, M. Allen,
répliqua vivement sir Deming en se levant et
retenant le jeune homme : Veuillez rester, sir,
vous ne devez nullement craindre d'être de trop,
en un lieu où votre présence est si désirable,
ajouta-t-il en lançant un regard à Alice près de
laquelle il plaça une chaise. — Maintenant

M. Mallet, veuillez expliquer à cette jeune lady, la mission que nous venions remplir.

Mallet fit une grimace lamentable et regarda son interlocuteur d'un air éploré : mais ce dernier lui répondit par un coup d'œil impérieux et hautain auquel le trafiquant ne pût résister. Après donc s'être mouché humblement et avoir composé son visage en préparation à ce qu'il allait dire, il bégaya le petit discours suivant, ou plutôt le récita comme un écolier fait d'une leçon sous l'œil du maître :

— Ce gentleman, fit-il en s'adressant à Alice, malgré mes protestations et ma résistance, a réussi à me convaincre que ses droits à votre tutelle étaient mieux fondés que les miens. En tout cas, je le reconnais, ils ont une base légale, tandis que rien de semblable n'existe de mon côté. Indubitablement il est votre oncle maternel, et très-capable de vous procurer tout le bien-être que j'aurais été si heureux de vous fournir.

Ici le sieur Mallet crût devoir s'arrêter pour simuler une larme ; il regarda timidement sir Deming et rencontra le même coup d'œil toujours sévère et disant d'une façon éloquente quoique muette: « Allez!... mais allez donc! »

Il continua avec un soupir grotesque :

— Toutefois, miss, je résigne mes pouvoirs et vous remets en ses mains : il pourra vous dire que j'avais préparé son esprit à trouver en vous ce qu'il y a de plus charmant et de plus aimable : je vous souhaite, chère miss Alice, tout le bonheur que vous méritez si bien !

Le speech terminé, Mallet donna jour à un nouveau soupir dont la signification complexe indiquait à la fois le soulagement d'avoir accompli une corvée, et le dépit d'essuyer une défaite qu'il proclamait lui-même.

— Malgré toutes les bontés de mon oncle pour moi, répondit simplement Alice, je n'oublierai point les vôtres, M. Mallet, et j'en garderai toute la reconnaissance qu'elles méritent... Croyez-le bien, vous n'avez pas eu affaire à une ingrate.

— Je sais que vous êtes aussi bonne que belle, miss ! repartit galamment le Français.

Puis, se tournant vers sir Deming d'un air gêné et craintif :

— Excusez-moi, sir : ma mission est remplie, votre nièce est entre vos mains ; il ne me reste plus qu'à prendre congé de vous. J'ai hâte de contremander les préparatifs d'un voyage que je devais faire demain sur la rivière.

— Nous serions très-aises de vous revoir ensuite, dit sir Deming avec une intonation indiquant qu'il ne pensait pas un mot de cette phrase.

— Milles grâces, Monsieur, riposta Mallet piqué au vif ; je suis fort occupé et ne peux me déranger ainsi tous les jours. Bonne nuit.

Et il partit furieux.

Tout le monde se mit à rire : surtout les deux jeunes gens :

— Mon Dieu ! merci ! fit Allen avec une ferveur comique.

— De quoi remerciez-vous Dieu, monsieur Allen ? demanda sir Deming avec un redoublement d'hilarité.

— De ce qu'il exauce le vœu le plus cher de mon cœur, en replaçant miss Alice sous une tutelle honorable et sûre.

Sir Deming se renversa sur sa chaise en riant toujours :

— J'entends, vous teniez énormément à la voir changer de *propriétaire*. Et,... continua le bon oncle en regardant curieusement la jeune fille,... miss Alice ne vous a pas encore fait connaître

« ses motifs » pour refuser tout échange. Peut-
être cette chère nièce est ambitieuse, et préfére-
rait le vieux richard Français ?

Alice devint rouge comme une cerise et baissa
les yeux en silence. Mistress Wyman vint à son
secours.

— Oh ! que nenni, sir, elle n'avait pour lui
aucune préférence, j'en réponds ; ce n'était guère
le chemin qu'elle aurait voulu prendre. Mais elle
regardait l'obéissance aux ordres de son père
comme une chose sacrée ; elle a voulu s'y sou-
mettre même après sa mort : Oui, sir, voilà la
vérité.

— Chère et douce enfant ! s'écria sir Deming
en embrassant tendrement sa nièce, c'est bien !
très-bien ! ce que vous avez fait là. Votre sagesse
et votre soumission vous ont gagné toute mon
amitié, — car j'étais au courant de toutes vos
petites affaires ; — vous avez ainsi mérité de rentrer dans les bonnes grâces de votre famille et
de partager le haut rang qu'elle occupe dans le
monde.

Après quelques instants de silence le baronnet
continua :

— Je vais vous dire, M. Allen, quels ont été

les motifs, entièrement raisonnables et dignes
d'éloges, pour lesquels cette jeune fille refusait
de suivre vos conseils et de se rendre à vos instances, quoique ses propres désirs en fussent
contrariés. Elle connaissait l'existence malheureuse de sa mère, et savait que toutes ses infor-
tunes provenaient d'une première désobéissance
aux vœux de ses parents. Sa mère (ma sœur)
était la plus aimable et la plus charmante des
femmes : mais un amour insensé la fit déchoir
de sa haute position, en la poussant à une mésalliance secrète avec un *jardinier!* Une vie de
misère et d'angoisses fut le fruit de cette faute
qui désespéra sa famille et ses amis. Avant sa
mort, elle donna à sa fille ses conseils suprêmes
pour la mettre en garde contre les cruelles
erreurs qui l'avaient perdue. De son lit de mort,
ma sœur m'écrivit une longue lettre contenant
sa douloureuse histoire, et me léguant le soin de
l'orpheline. Depuis lors j'ai surveillé Alice inosten-
siblement; sa conduite sage et prudente m'a convaincu que si elle avait la beauté de sa mère elle
n'en avait pas les défauts. Oui, je suis content
d'elle. — Dans mes bras ! chère enfant; vous êtes
ma fille d'adoption, et, comme je l'ai promis à

votre pauvre mère, Dieu aidant, je vous rendrai heureuse comme vous le méritez !

Alice embrassa son oncle qui l'attirait à lui par un geste paternel : moins forte pour supporter le poids du bonheur qu'elle ne l'avait été pour soutenir celui de l'infortune, elle cacha sa tête dans les mains de cet excellent ami envoyé par la Providence, et pleura longuement en silence.

Lorsqu'elle fut remise de son émotion, le baronnet s'adressa à Allen :

— Sir, dit-il, je vais vous faire une question bien intéressante pour vous, si je m'en rapporte à votre visage. Je lis, sur votre figure bouleversée, une inquiétude bien vive ; j'y lis même la cause de cette anxiété : vous voyez en moi un farouche ravisseur qui va enlever cette intéressante fleur de la prairie pour la transplanter au sein du monde civilisé ? Répondez-moi !

— Sir Deming, balbutia Allen, mon cœur est tranquille, car je le sens, miss Alice est maintenant en mains sûres. Quant à son départ avec vous, — ici la voix du jeune homme s'altéra, — que pourrais-je vous dire ?... Je lui souhaite, du meilleur de mon âme, dans le monde civilisé où elle ira vivre, oui, je lui souhaite des amitiés profondes, aussi loyales, aussi sincères que celles de *quelques habitants* de ce désert.

Le baronnet se détourna pour dissimuler son émotion ; il regarda Alice, puis Allen ; tous deux étaient plus pâles que des statues de marbre ; les mains d'Alice étaient devenues glacées.

— Allen ! mon fils ! s'écria-t-il tout-à-coup ; Alice ! ma fille ! Quand célébrerons-nous votre mariage ?

Tous deux restèrent muets ; Allen rougit comme une jeune fille.

— Seigneur ! murmura mistress Wyman stupéfaite.

— Bien ! bien ! très-bien ! reprit le baronnet ; si je vous avais annoncé une séparation éternelle, vous auriez bien su m'adresser des discours déchirants. J'émets un avis qui est parfaitement le vôtre, vous vous taisez ! c'est tout naturel : Qui ne dit rien consent.

— Pardon, sir, dit Allen d'un ton grave ; je ne voudrais pas placer miss dans une alternative embarrassante : le sentiment de mon infériorité m'impose le silence.

— Allons, bon ! vous êtes donc bien subitement devenu un plébéien bien infime, vous qui,

il y a une heure à peine, teniez de si beaux discours à ma nièce?

— Sir Deming, tout est changé depuis votre
arrivée ; les apparences d'égalité qui existaient
entre nous ont disparu. Or, vous blâmez les mé-
salliances... puis-je penser autrement que vous?

— De mieux en mieux! vraiment! Entendez-
vous, Alice, ce jeune républicain qui rejette toute
alliance avec l'aristocratie anglaise! Je vous vois
obligée de renoncer à tous vos avantages de position et de fortune pour redevenir digne de
lui !

— Le ciel m'est témoin, reprit Allen, que tous
mes vœux les plus chers, mon amour le plus pur
et le plus sincère s'adressaient à miss Newcome :
mais j'en saurai faire le sacrifice, en songeant
que c'est pour son bonheur. Si j'étais riche et
grand seigneur, le cas serait bien différent ; mais,
humble et pauvre comme je suis, je ne dois
pas lui demander la charité d'une union semblable.

— Par Jupiter! jeune Yankee, j'aime votre
esprit rude et droit ! On y trouve un parfum de
cette terre sauvage, mais pleine de trésors. Cependant, il faut en finir : Alice voulez-vous que j'es-

saie auprès de cet héroïque obstiné une nouvelle demande ; ou bien vous considérez-vous comme bien et dûment refusée ?

— Vous avez le droit de me donner à celui que vous aurez choisi, cher oncle, répondit Alice toute rougissante, mais qui, néanmoins, avait fort adroitement souligné le mot donner.

— O artifice du cœur féminin ! s'écria le baronnet ; qui, aussi bien qu'une femme, aurait réussi à trancher ainsi la difficulté ? Vous donner !... faut-il vous donner ? Pour punir ce républicain orgueilleux, j'aurais bien envie de n'en rien faire. Mais, d'autre part, si je vous emmène avec moi, je crains fort que vous ne soyiez pas une société fort gaie, pendant la traversée. Bah ! je me décide ! Tenez M. Allen, je vous en fait cadeau ; refusez si vous osez ! Je vous adresse en même temps mes félicitations. Mistress Wyman se joint à moi, j'en suis sûr.

— Oh ! Dieu puissant et béni ! s'écria la bonne femme, pendant qu'Allen recevait dans ses mains tremblantes celles de la jeune fille ; ah Seigneur ! si jamais j'ai désiré passionnément une chose, c'est bien celle-ci !

— Mistress Wyman, reprit le baronnet, il faut

que ce mariage soit célébré cette semaine. Plus
tard, je ne pourrais assister à la cérémonie.

En ce moment entra Wyman.

— Ah ! voici mon complice ! s'écria sir Deming
en prenant amicalement la main du nouveau
venu ; il y a longtemps que nous préparions ensemble cette grande affaire ; nous nous en
sommes tirés, je l'espère, à notre honneur et à
la satisfaction générale ?

— De par tous les diables ! Je veux dire, n'ayez
pas peur ! ce n'a pas été sans peine, répliqua
l'honnête constable avec son gros rire ; mais,
voyez-vous, le proverbe dit vrai : « Tout est bien
qui finit bien. »

ÉPILOGUE

Quatre ou cinq ans s'étaient écoulés depuis la joyeuse noce célébrée chez mistress Wyman.

Fairview était devenu une ville : le désert avait fui devant la civilisation ; plus de claims sauvages ; plus de désert ; plus de prairies ; les TERRES D'OR avaient produit leur opulente moisson.

Flag était devenu un *congressman*, un des hauts personnages de Washington ; il avait épousé une des plus belles et des plus riches héritières du comté.

Par une belle soirée d'automne il se promenait avec sa femme dans « Pensylvania Avenue » :

— Voilà un couple charmant, observa lady Flag à son mari, en lui indiquant deux jeunes promeneurs.

Flag jeta un regard dans la direction indiquée, et poussa une exclamation :

— Allen! mon vieux camarade! quelle joie de vous revoir.

— Flag! est-ce vous mon excellent ami?

Et les deux jeunes gens s'embrassèrent avec chaleur :

— Je vous présente ma femme, reprit Flag.

— Lady Alicia Allen, ma bien-aimée compagne, dit Allen en saluant et présentant sa femme.

— De quel continent arrivez-vous donc, mes charmants oiseaux de passage? demanda Flag après ces premiers échanges de politesses.

— Nous avons passé le printemps à Paris, l'été à Londres, et nous voilà !

— Sir, demanda Alice, vous qui êtes resté Américain fidèle, dites-moi, je vous prie, ce qu'est devenu le Claim Newcome?

— Je l'ai acheté, milady : c'est maintenant une belle et riche ferme, une des plus délicieuses résidences du haut Missouri,

— Et Wyman?... et sa digne femme?...

— Ils sont, je crois, dans une médiocrité voisine de la misère : ces braves gens s'étaient portés cautions pour un jeune homme qu'on leur avait recommandé, et qui les a ruinés en se ruinant aussi.

Alice dit vivement quelques mots à l'oreille de son mari :

— Le Claim Newcome est-il à vendre ? demanda celui-ci.

— Voudriez-vous l'acheter...? En ce cas il est à votre disposition.

— Une vraie réponse d'Yankee ! répliqua Allen en riant. Eh bien oui ! j'en ai envie.

— Pour l'habiter?

— Peut-être... l'été prochain... Lady Allen voudrait y avoir une maison montée en forme de pied-à-terre, sous la direction des Wyman.

— Toujours bonne! dit Flag en regardant Alice.

Des larmes tremblaient aux longs cils de la douce et charmante jeune femme.

Après un court silence, Flag amena la conversation sur un autre terrain.

— Ah ! que je vous dise une rencontre bizarre que j'ai faite il y a quelques mois dans le Kansas. Je traversais Leavenworth, lorsqu'au milieu d'un meeting méthodiste j'ai aperçu... devinez qui...?

— Je ne saurais...

— L'un des deux compagnons de Carnes! le plus jeune, qui apparemment s'est converti, et qui est entré en re'igion. Il est ministre je me suis arrêté quelques minutes pour l'écouter prêcher. Il parlait, ma foi! avec une éloquence persuasive. Tout à coup il s'est interrompu, fixant les yeux sur la foule, et s'est écrié : «—Jim! « je vous reconnais! ne voulez-vous pas faire « comme moi, vous repentir, et songer à votre « salut? » — « Oui! oui! a répondu une voix que « je reconnaîtrai toujours; je me suis repenti, « mais je ne suis pas encore sauvé. J'ai grand « besoin de vos prières. » — Là-dessus, le pauvre ministre s'est mis à genoux et a adressé au ciel les plus touchantes prières... en même temps, la congrégation réunie autour de lui s'est age-nouillée et a prié de tout son cœur! N'était-ce pas un étrange spectacle...?

— C'est vrai, répondit Allen; mais je doute que les meilleures prières puissent sauver Jim.

— Ah! encore autre chose : savez-vous ce qu'est devenu Mallet...?

— Dites.

— On l'a trouvé, à demi rongé par les fourmis,

au coin d'un bois, sur la Platte ; il avait le corps
traversé par une flèche Omaha.

— La tribu de Ka-shaw ?

— Oui.

— Ah ! il ne fait pas bon encourir une *vendetta*
Indienne.

— Sir, demanda vivement Alice pour détourner la conversation, voulez-vous me faire un
grand plaisir ?

— Si je pouvais le deviner, milady, ce serait
déjà fait ! répliqua courtoisement Flag.

— Nous partirons demain pour Newcome-
Claim, j'ai hâte d'y installer ma bonne mistress
Wyman.

— Il sera fait comme vous le désirez, lady
Alice ; et, je vous le prédis, vos jours seront
longs et heureux sur cette TERRE D'OR ; car votre
arrivée y est précédée d'une bonne action.

TABLE DES MATIÈRES

FIN DE LA TABLE.

F. Aureau. — Imp. de Lagny